中公新書 2394

墓田 桂著

難民問題

イスラム圏の動揺、ＥＵの苦悩、日本の課題

中央公論新社刊

はしがき

トルコ南西部の町、ボドルムはトルコ有数のリゾート地だ。別荘やヨットハーバーもあって雰囲気はひときわ華やいでいる。

そのボドルムからバスで一時間ほどのところにフェネー海岸がある。ここはギリシャとの距離が近い。対岸にあるコス島とは四キロメートルほどしか離れていない。

二〇一五年九月二日、幼児の遺体がフェネーの海辺に打ち寄せられた。

幼児の名前はアラン・クルディ。わずか三歳だった。アラン君はクルド系のシリア人である。生まれ故郷はシリア北部の町、コバニ。少数民族のクルド人が多く住む土地である。内戦が始まってからというもの、コバニは危険な場所となった。ここ数年、過激派組織「イスラム国（IS）」の攻撃にさらされている。

父親のアブドゥラ・クルディさんもコバニ出身だが、首都ダマスカスで理髪師をしていた。戦争にともなって北部のアレッポに移動し、その後、コバニに戻ってきた。そこでアラン君が生まれる。ＩＳの攻勢が激しくなると、一家はコバニを離れ、隣国のトルコに移り住んだ。この間、親戚が住むカナダへの渡航を試みたものの、叶わなかったという。

クルディ一家はトルコでの生活に見切りをつけ、ボドルムから対岸にあるギリシャのコス島に向かうことにした。この海域は格好の密航ルートとなっていた。悲劇はギリシャに渡る途上で起きた。二日の午前三時すぎ、二隻の船での出航だった。波は高く、全長五メートルほどの船は転覆してしまう。事故の犠牲者は一二人。アラン君、兄のガリプ君、母親のレハンさんまでも溺死《できし》し、父親だけが生き残った。

アラン君の遺体を撮った一連の写真は瞬《また》く間に世界を駆け巡った。九月二日から三日にかけての欧米各紙の一面は、この事件で埋め尽くされた。

欧州の政治指導者の反応は迅速だった。「映像を見ると胸が締め付けられる。すべての人々を救助するという欧州の理想を取り戻す必要がある」、イタリアのマテオ・レンツィ首相はこう述べた（二〇一五年九月四日付『毎日新聞』）。フランスのフランソワ・オランド大統領は九月三日、自身のツイッターで「難民の悲劇を前にして、我々はアンゲラ・メルケルとともに、欧州における恒常的で義務的な受け入れ体制を提案する」と表明した。

より踏み込んだ姿勢を示したのはドイツのアンゲラ・メルケル首相だろう。メディアのインタビューに答えて「政治的庇護《ひご》に対する権利は、庇護希求者に対する上限を設けてはいない」と述べた（二〇一五年九月五日付AP）。この発言はその後、事あるごとに引用された。難民の受け入れに積極的だったメルケルは、シリア人からは「慈悲深い母」と称えられていった。アラン君の事件以降も、欧州連合（EU）の難民受け入れ政策の推進力となっていく。

一一月にパリが卑劣なテロリズムに見舞われる前のことである。大量の密航者がEUに押し寄せるなか、溺死したアラン君の写真は難民問題に対する政治的機運を高めた。

九月二二日、EUの法務・内務閣僚理事会が開かれ、ギリシャとイタリアに集中している一二万人の難民申請者を他のEU加盟国に移転することが決まった。密航者の流入に直面する前線国の負担を軽減しようという措置である。すでに決定していた四万人と合わせて計一六万人の枠となった。しかし、移転計画への反対は強く、割り当てを義務化することは見送られる。翌二三日に開かれたEU臨時首脳会議では、移転計画の実施も含め、危機に対応するための包括的な方法が話し合われた。

協議が重ねられる一方で、EU内で不協和音が出始めた。ドイツやフランスの積極的な方針に対し、東欧・中欧のEU加盟国は不満を募らせる。ドナルド・トゥスク欧州理事会議長はEUへの影響を危惧《きぐ》し、「さらに危険な状況に至ったとき、欧州の政治状況に地殻変動をもたらしかねない」と危機感をにじませた（二〇一五年一〇月二八日付時事通信）。

二〇一四年だけですでに三〇〇〇人以上の密航者が地中海で命を落とした。二〇一五年に入ってからも海難事故は続き、四月にはリビア沖で七〇〇人あまりの死者を出す惨事があった。中東で、そして地中海で起きている危機に対して、欧州は慎重ながらも、人道的な観点で対応してきた。そこに来て三歳の子どもの悲愴《ひそう》な死は、人々の人道主義を喚起し、難民問題へのEUの対応を前に進める契機となった。

だが、その対応は、EUの亀裂のみならず、社会の混乱のなかで推移していくことになる。二〇一五年一一月一三日、パリで同時多発テロ事件が発生する。報道によると、自爆犯のうちの二人がギリシャの島で一〇月上旬に指紋を登録した密航者だった。

ドイツ西部の都市、ケルンでは、大晦日《おおみそか》から新年にかけて北アフリカや中東出身者と見られる男たちによる犯罪行為が相次いだ。二〇一六年一月五日の時点で警察に提出された被害届は五〇〇件以上、そのうち性的攻撃に関するものは四〇％を占めるという。逮捕者の大半はすでにドイツに在住していたアルジェリアやモロッコ出身者だったが、社会に衝撃を与えた事件に変わりはない。

スウェーデンの地方都市では、二〇一六年一月に、難民申請者の収容施設で二二歳の女性職員が難民申請中の一五歳の少年によって刺殺されるという事件があった。事件の二日後、スウェーデン政府は難民と認定されなかった最大八万人の難民申請者を国外退去とする方針を発表する。

ベルギーでも同年二月に一六歳のアフガニスタン出身の少年が同様の施設で女性職員を暴行するという事件があった。二週間前、このアフガニスタン人は女性との接し方についての講習を受けていたという。

難民の無害性を訴える者にとっては不都合な事実だろう。だが、「レフュジー・ユース」と呼ばれる若者による犯罪をはじめ、等閑視するには深刻すぎる事件が起きている。

負担があまりにも大きくなったためだろう。生活扶助の受給要件と足並みを揃《そろ》える形で、デンマークの議会は二〇一六年一月、難民申請者から一定以上の貴重品の押収を認める法案を可決した（その五カ月後、初めての押収がおこなわれた）。難民に対して比較的寛容だった北欧でさえも厳しい姿勢が目立っている。

密航船に乗せられたアラン君には何の罪もない。彼の死に対する人々の反応は善良なものだったに違いない。しかし、その善良な反応が後押ししたEUの政策は、今や複雑な課題と向き合っている。

世界各地の情勢が厳しさを増すなか、難民の流出はやむところを知らない。この現象は、程度の差はあれ、今後も続くと考えるのが現実的である。その一方で、世界の先行きが不透明ななかで、どの国も自らの存立と持続を憂えている。自国の安全、社会の安寧、国家の財政を考えたとき、「他者」に対して無制限に善意を示せる状態にはない。難民申請者の大量流入に苦しんでいる欧州諸国の姿はそれを雄弁に物語っている。

ひるがえって日本の対応はどうか。

日本政府は難民支援をおこなう国際機関には多額の資金を出す一方で、日本に来る難民に対しては「閉鎖的」だと批判される。二〇一五年、七五八六人の難民申請者のうち、難民として認定されたのは二七人。この数字だけを見れば、なるほど閉鎖的かもしれない。けれども、この数値には別の説明があるのではないだろうか。さらに言えば、欧州の状況を見るにつけ、閉鎖的とされる日本の姿勢にも合理性が見いだせるのではなかろうか。

混迷の時代にあって誰もが安寧を求めている。だが、難民のみならず、国家も自らの力で歩み、活路を見いださなければ生き残れない。生存のための格闘はどの場面でも顕著である。となれば、利他的な精神は果たして居場所があるのだろうか。あったとしても、物理的、数量的な限界に遅かれ早かれ直面するのではないか。

善意の限界は必ず訪れる。それどころか、安易な理想主義は社会を危機に陥れかねない。こうした厳しい認識をもちつつ、本書は二一世紀の現実に即して難民問題を考えていく。

目次

OAU（Organization of African Unity）アフリカ統一機構
PEGIDA（Patriotische Europäer gegen die Islamisierung des Abendlandes）西洋のイスラム化に反対する欧州愛国者
SNS（social networking service）ソーシャル・ネットワーキング・サービス
UNESCO（United Nations Educational, Scientific and Cultural Organization）国連教育科学文化機関
UNHCR（Office of the United Nations High Commissioner for Refugees）国連難民高等弁務官事務所
UNICEF（United Nations Children's Fund）国連児童基金
UNRRA（United Nations Relief and Rehabilitation Administration）連合国救済復興機関
UNRWA（United Nations Relief and Works Agency for Palestine Refugees in the Near East）国連パレスチナ難民救済事業機関
WFP（World Food Programme）世界食糧計画
3RP（Regional Refugee and Resilience Plan〔in response to the Syria crisis〕）シリア周辺地域における難民・回復計画

略語一覧

BAMF（Bundesamt für Migration und Flüchtlinge）（ドイツ）連邦移民難民局
CEAS（Common European Asylum System）欧州共通庇護制度
DGSE（Direction Générale de la Sécurité Extérieure）（フランス）対外治安総局
EASO（European Asylum Support Office）欧州庇護支援事務所
EU（European Union）欧州連合
EUNAVFOR MED（European Union military operation in the Southern Central Mediterranean）地中海中南部におけるEU軍事作戦
EUROPOL（European Police Office）欧州警察機関
FRONTEX（European Agency for the Management of Operational Cooperation at the External Borders of the Member States of the European Union）欧州対外国境管理協力機関
GDP（gross domestic product）国内総生産
IBC（Iraq Body Count）イラク・ボディカウント
ICRC（International Committee of the Red Cross）赤十字国際委員会
ICRG（Intergovernmental Committee on Refugees）政府間難民委員会
IDMC（Internal Displacement Monitoring Centre）国内強制移動モニタリングセンター
ILO（International Labour Organization）国際労働機関
INTERPOL（International Criminal Police Organization）国際刑事警察機構
IOM（International Organization for Migration）国際移住機関
IRO（International Refugee Organization）国際難民機関
IS（'Islamic State'）「イスラム国」
ISAF（International Security Assistance Force）国際治安支援部隊
ISESCO（Islamic Educational, Scientific and Cultural Organization）イスラム教育科学文化機関
JICA（Japan International Cooperation Agency）国際協力機構
MSF（Médecins Sans Frontières）国境なき医師団
NATO（North Atlantic Treaty Organization）北大西洋条約機構
NGO（non-governmental organization）非政府組織

難民問題

イスラム圏の動揺、EUの苦悩、日本の課題

第1章　難民とは何か

1　歴史のなかで

その起源

「ホモ・モーベンス」、建築家の黒川紀章《きしょう》はかつてこの言葉を用いて、都市のあるべき姿を論じた。ホモ・サピエンスに倣《なら》った黒川の造語で、「動くヒト」、または「動民」を意味する。ホモ・エレクトス（直立するヒト）の時代から人類の歩みは移動によって刻まれてきたと考えれば、私たちはまさにホモ・モーベンスである。

人類の歴史を俯瞰《ふかん》したとき、難民現象は「人の移動（human migration）」の一つの側面として浮かび上がる。現代に限らず、古代より人間は「移動する動物」だったとするなら、人が流れ動く様子はことさら異常なものではない。難民の動きも特殊ではない。

今で言う難民の現象は昔からあった。事例は多すぎるほどにある。誰もが知る人物を挙げるなら、ヘロデ王によって命を狙われ、父母とともにエジプトに逃れた幼きイエス・キリストも難民だったと言える。

ユダヤ人は「離散の民（Diaspora）」として知られる。大昔に世界に散らばった難民だが、民族が離散する際にも国内で難民化を経験している。イスラエル東部にあるマサダはユダヤ人にとっての聖地である。今では便利なロープウェーがあるが、昔は登るのにも苦労する難攻不落の要塞だった。

紀元七〇年、ユダヤ戦争でユダヤ属州の都市エルサレムはローマの手に落ちる。エルサレム陥落を受けて逃れてきたユダヤ人、九六七人がマサダに立てこもった。数年にわたりローマ軍を相手に攻防を繰り広げたが、攻め込まれることを予知し、数人を残して集団自決をしたという。要塞に避難し、命がけで祖国を守ろうとした人々の悲劇が今に伝えられている（籠城《ろうじょう》をめぐる論争にはここでは立ち入らない）。

そのローマは勢力を拡大するなかで入植地を増やしていった。ラテン語の「コロニア」（「入植地」の意味）に由来するドイツのケルンもその一つである。ローマ帝国内で栄えたケルンは、大移動を経たゲルマン族によって五世紀半ばには占領されてしまう。

ちなみに、ジャーナリストの池上彰《あきら》は昨今の中東からEUへの人の動きを「二一世紀の民族大移動」と捉えるが、この説を敷衍《ふえん》するなら、ケルンを含めたドイツの諸都市は新たな大移動の波にさらされていることになる。

ダマスカスからニュー・イングランドまで

昔のシリアでも難民は発生していた。西暦六三六年、ビザンツ帝国の支配下にあったシリアのダマスカスは新興のイスラム勢力に降伏した。入植者たちは既存の家々に住み始めた。家を建てる必要がなかったのは、アラブ兵が到来する前にギリシャ語系の住民が逃げ出し、家が空になっていたためだという。ダマスカスを首都としてウマイヤ朝が誕生するまでにも難民が生じていたことになる。

ただ、ギリシャ語系住民の全員がウマイヤ帝国から脱出したわけではなく、両者はむしろ共存の関係にあった。事実、ウマイヤ朝でビザンツ文明は尊重され、アラビアとギリシャの有益な接触が起きている。

同じ七世紀、東アジアの朝鮮半島では国際秩序に大きな変動があった。六六〇年、朝鮮半島の百済《くだら》王朝は、敵対していた王朝、新羅《しらぎ》と中国の唐との連合軍によって滅ぼされた。それを受け、百済の同盟国であった日本に百済から難民が渡っていった。彼らは「遺民」と呼ばれる。天智《てんじ》・天武《てんむ》期に百済遺民が日本の国土防衛に貢献し、朝廷に唐の律令《りつりょう》制度を伝えたことは知られている。六六八年に滅亡した高句麗《こうくり》からも日本に遺民が来ている。

近世の欧州に話を移そう。カトリックのフランス王国に居住するプロテスタントの人たちはユグノー（huguenots）と呼ばれていた。ユグノーは一五七二年のサン・バルテルミの虐殺以来、迫害を受け、一六八五年に国王ルイ一四世が信教の自由を反故《ほご》にすると、外国に逃れる者が一気に増えた。フランス語の réfugié から英語の refugee が生まれたのは、ユグノーがイングランドに大挙して逃れたこの時期のことだ。

そのイングランドから一六二〇年にアメリカ大陸にやってきた清教徒のピルグリム・ファーザーズも難民と言える。彼らはイングランドの国教会によって弾圧を受け、自由を求めて新大陸に渡った人たちである。しかし、入植先のニュー・イングランドでは、その土地に住んでいた先住民との衝突が起き、今度は先住民が住処《すみか》を追われてしまう。難民の到来が新たな難民を生み出したのである。

このように難民の現象は目新しいものではなく、人間の歴史に常に付き添ってきたものである。だが、難民が国際社会の共通の概念となり、国際的な保護の対象として認識されるまでには時間がかかった。その契機が訪れるのは、第一次世界大戦後のことである。

ナンセン高等弁務官の任命

一九一八年一一月、一〇〇〇万人を超える死者とともに第一次世界大戦は終結した。この大戦は人々に大きな犠牲を強いるとともに、欧州の政治体制の変動をもたらした。オーストリア、オスマン、ドイツ、そしてロシアの四つの帝国が大戦を境に崩壊した。

なかでもロシア帝国は革命の波に飲み込まれ、大混乱を経験する。一九一七年の二つの革命の後、資本家の支持を得た臨時政府（白軍）と、共産革命の実現を目指すソヴィエト政権（赤軍）との内戦は激しさを増した。一九二〇年、白軍は敗北する。それとともに、臨時政府を支持していたロシア人の多くが難民となった（その数は数十万とも数百万とも言われる）。ロシアにいた人々で臨時政府の側についた人を白系《はっけい》ロシア人という。内戦後、白軍を支援していた国々や、各国の赤十字社などが白系ロシア難民の支援にあたった。

第一次世界大戦の講和条約として一九一九年六月に調印されたヴェルサイユ条約は、戦後の国際秩序を築くものだった。その象徴的存在が国際連盟（以下、連盟）である。大戦後の難民支援の動きは、新設されたこの組織を舞台に展開する。難民問題が国際的な政策課題として位置付けられたという意味では画期的である。その連盟の枠内で関心の的となったのが共産革命から逃れた白系ロシア人である。

白系ロシア難民の支援に携わっていた赤十字国際委員会（ＩＣＲＣ）からの要請で、連盟で支援の可能性が協議された。フランス政府の要請も功を奏した。一九二一年六月、連盟は、ロシア難民の支援にあたる「高等弁務官（High Commissioner）」のポストを創設した。白羽の矢が立ったのは、ノルウェー人の探検家、フリチョフ・ナンセンである。ナンセンはすでに第一次世界大戦の捕虜の帰還に携わっていた。そのこともあり、彼はロシア難民への支援事業にふさわしい人物と目された。

同年八月、連盟はナンセンを「欧州にいるロシア難民の問題に関して連盟を代理する高等弁務官」に任命した。

国際的な人道活動の萌芽

探検家のように新たな境地を開拓しながらのスタートだった。高等弁務官は連盟からは四〇〇〇ポンドの予算を与えられたが、わずかに三人の職員を雇える額である。連盟は行政経費を提供するだけで、活動資金はナンセン自身で探してこなければならなかった。結局のところ、民間団体や各国政府からの寄付が活動を支えた。

ナンセンは欧州諸国での白系ロシア難民の定住支援に力を注ぐとともに、現在につながる保護の枠組みを築いた。その嚆矢《こうし》となったのが「ナンセン・パスポート」と呼ばれる身分証明書である。白系ロシア難民は、ソヴィエト連邦（以下、ソ連）の国籍が剝奪された状態だった。一部の国では難民に対して身分証明書が発行されていたものの、国外では効力をもたなかった。そこでナンセンは、相互に認証される旅行・身分証明書の制度を設けた。この制度は後にアルメニア難民などにも広がっていった。

ナンセンは高等弁務官の仕事以外にもいくつかの活動を請け負った。その一つが一九二一年から一九二二年にソ連で発生した大飢饉《ききん》での人道援助である。連盟外の活動だったが、ナンセンは国際的な救援活動を組織し、食糧や避難所、医薬品を数百万人に提供した。

ほかにも、ナンセンはギリシャ政府の要請で、トルコとギリシャの間でマイノリティの住民を相互に交換する事業にも携わった。両国が一九二三年一月に合意した住民交換の対象者は一五〇万人に上った。すでに独立していたギリシャのみならず、帝政を廃したトルコでも国民国家が形成されていく。その過程のことである。ギリシャにいたイスラム教徒（「ムスリム」ともいうが、本書では「イスラム教徒」で統一する）、トルコにいたギリシャ正教徒はそれぞれ居場所を失くし始めていたが、合意はそれを追認するものだった。強制的な移住がおこなわれたことなどから、この事業については否定的な見方もある。

こうして多方面で活躍したナンセンだが、この時期の国際的な人道行動を彼だけの功績とするのは適切ではない。例えば、連盟の一機関であった国際労働機関（ＩＬＯ）は雇用の観点から難民に対する支援をおこなっていた。ただ、世論を喚起し、人道行動を先導したという点において、ナンセンの役割は決定的だった。

戦間期のユダヤ難民問題

第一次世界大戦から第二次世界大戦に至る戦間期では、特に一九三〇年代以降、ナチスドイツの迫害を逃れたユダヤ難民の問題が顕在化した。

ナンセンは一九三〇年五月に死去する。一九二〇年代の国際協調の時代が過ぎ、世界は激動の一九三〇年代を迎える。一九三三年五月にはドイツでアドルフ・ヒトラーが政権を掌握し、全体主義のなかでユダヤ人に対する迫害が勢いを増していった。

ドイツから逃れるユダヤ難民は増えたが、その一方で国際的な支援は鈍った。連盟は資金拠出を拒否し、多くの国がユダヤ難民の受け入れに慎重な姿勢を見せた。オーストリア生まれのユダヤ難民で、杉原千畝《ちうね》の「命のビザ」の受給者だった政治学者のジョン・G・ストウシンガーは、ヒトラーを挑発したくなかった加盟国の意図が働いたと指摘している。

法的制度についても、一九三三年一〇月に調印された「難民の国際的地位に関する条約」は既存の難民を扱ったもので、ドイツからのユダヤ難民を対象とはしなかった（それには一九三六年七月の暫定協定と一九三八年二月の条約を待たなければならない）。

それでも、一九三三年一〇月には「ドイツからの（ユダヤ人およびその他の）難民のための高等弁務官」が連盟によって設置されている。このポストに就任したジェイムズ・マクドナルドは、パレスチナへの八万人のユダヤ人の再定住を支援するなどの業績を残した。

一九三五年にマクドナルド高等弁務官が各国の反応の鈍さに抗議して辞任した後も、一九三八年七月にフランスのエヴィアンでユダヤ難民問題に関する会議が開かれ、その結果、「政府間難民委員会（ICRG）」が設置された。一九三〇年代を通じて、限定的だが、パレスチナを含めた国外へのユダヤ人の渡航が実現している。

日本の陸軍も「河豚《ふぐ》計画」の作戦名で、満州にユダヤ人国家の樹立を構想した時期があった。しかし、当時の政府がドイツとの連携を優先させたため、計画は沙汰やみとなった。

個別の事例では、本国の訓令に反しても国外脱出を図るユダヤ人にビザを発給し、数千人の命を救ったリトアニア駐在の日本人外交官、杉原千畝のような人物もいた。

しかし、世界全体として目立った成果があったわけではない。その理由としては、一部の国でドイツへの宥和《ゆうわ》的な傾向があったことに加えて、反ユダヤ主義の歴史があるなかでユダヤ人が忌避《きひ》されたこと、また一九三〇年代以降の時代背景が国際協調を難しくしたことなど、いくつか考えられる。ストウシンガーが言うように、マクドナルドの例を除けば、ユダヤ難民が「決然とした代弁者」を欠いたことも一つの要因である。

ナチスによる弾圧も激化し、欧州に残ったユダヤ人の多くがホロコーストの犠牲者となっていく。

2 保護制度の確立へ

UNHCR

現在に至る難民保護の国際的な枠組みは第二次世界大戦後に作られた。その柱の一つをなすのが国際連合(以下、国連)難民高等弁務官事務所(UNHCR)である。

世界的規模で壮絶な戦いが繰り広げられた後のことだった。多くの犠牲者に加えて、国内外でさまよう人々が発生していた。一九四三年に設立された連合国救済復興機関(UNRRA)は戦後処理の一環として、物資の供給に加えて、戦時中に強制労働や移送を強いられた人々に向けた活動をおこなっていた。しかし、共産圏諸国の関与を嫌ったアメリカ合衆国(以下、アメリカ)は、自らが主導する国際難民機関(IRO)を新たに発足させる。この機関は、現在の国際移住機関(IOM)に展開していく。

一九四八年に活動を開始したIROは、戦間期に作られた機関の活動を引き継ぐとともに、大戦中に影響を受けた人々、さらには共産圏からの新たな難民を対象に再定住の事業をおこなった。IROは四・三億ドルの予算で一〇〇万人規模の再定住を実施している。当時の国連予算の三倍の規模である。ただ、予算の四割強を負担したアメリカ政府は、負担の少ない後継組織の設置を望んだ。すなわち、法的保護に専念し、永続的ではなく、物的支援をおこなわないというものだった。

一九四九年一二月、国連総会は難民の国際的保護のための新しい機関の設立を決定する。アメリカの要望を踏まえた形で組織が構想され、翌一九五〇年一二月には「国連難民高等弁務官事務所規程」が総会で採択される運びとなった。その翌月、オランダ出身のヘリット・J・フートハート高等弁務官の下、UNHCRは活動を開始した。

第二次世界大戦以降、国際社会による難民問題への対応は、この機関による取り組みに体現されてきた。その長を務めるのが「難民高等弁務官（High Commissioner for Refugees）」であり、二〇一六年までに日本人の緒方貞子《さだこ》を含む一一人がこの職に就いてきた。現在（二〇一六年六月時点）、イタリア出身のフィリポ・グランディが難民高等弁務官を務める。

UNHCRは国連機関のなかでも今や花形の存在である。二〇一五年時点で、世界に九三〇〇人のスタッフを擁し、一二五カ国で活動を展開する。本部はスイスのジュネーヴにある。

筆者は大学院生時代にUNHCR本部に数カ月間、インターンとして勤める機会があった。ある報告書を更新することが仕事で、スタッフにインタビューをして回っていた。採光に配慮された開放感のある建物だが、形状は刑務所に似ていると指摘するスタッフもいた。

大事な予算についてもふれておきたい。中東の混乱にともないUNHCRが必要とする予算は増加傾向にある。二〇一五年六月時点のUNHCRの予算は七〇・九三億ドル（一ドル＝一二〇円の換算で八五一二億円）である。組織の活動は各国の任意拠出金、つまり義務ではない自発的な拠出金で成り立っている。UNHCRが示した予算に対して各国が任意で拠出する形をとるので、不足が生じてしまう。

なお、二〇一五年、日本はUNHCRに一・七三億ドル（同、二〇八億円）を拠出しており、アメリカ（一三・五二億ドル）、連合王国（以下、便宜的にイギリスと呼ぶ）（二・六二億ドル）、EU（一・九一億ドル）に次ぐ四位のドナー（「拠出国・組織」の意味）となっている。

難民高等弁務官の役割

難民高等弁務官の職責（英語では「マンデート」という）はUNHCR規程で定められている。設立当初から職責は三年ごとの更新制となっていたが、二〇〇四年からは無期限となった。UNHCRは国連総会の「補助機関」と位置付けられる。規程第一条（一）は、次のとおり職責を定める。

「国際連合難民高等弁務官は、総会の権限の下に行動しつつ、本規程の適用範囲に該当する難民に対し、国際連合の後援の下に国際的保護を与える任務を負い、かつ、政府および、関係国政府による承認を条件として、民間団体に対し、このような難民の自発的帰還または新しい国内社会内での同化を促進することを支援することにより、難民問題の恒久的解決を図る任務を負う」

ここで注意したいのが「国際的保護」の手法である。現に、難民申請者を保護しようとしても、UNHCRは保護の基盤となるような領土をもたない。ある国が別の国から逃れてきた難民申請者を保護することができるのは、領土（領域）をもっているからである。これを「領域的庇護」という。領土をもたないUNHCRは難民申請者に領域的庇護を与えることはできないので、特定の国家による保護に委ねるしかない。だが、主権国家の側に難民受け入れの義務はない。となるとUNHCRが果たす役割は、領域的庇護を政府に対して促すこととなる。強制することはできない。

では、もう一つの任務である「恒久的解決」とは何を指すのか。規程は、「自発的帰還」（すなわち、自由意思による帰還）と「国内社会内での同化」の二つに言及する。時代錯誤に聞こえる「同化」は「定住」（または「現地統合」）に読み替えられている。

規程が定めるのは本国に帰還するか、受け入れ国で定住するかの二択だが、実際にはもう一つの選択肢として再定住が存在する。「第三国定住」とも呼ばれる。難民が滞留する国の負担を軽減するため、諸外国、つまり第三国が難民を分担して引き受けるというものだ。「国際的保護」や「恒久的解決」のいずれもＵＮＨＣＲの重要な任務と位置付けられるが、あくまでも国家間の枠組みのなかでおこなわれることになる。主権国家の意向が尊重される形で物事が進むのだから、ＵＮＨＣＲができることには限りがある。難民問題を考える際には、ＵＮＨＣＲの構造的な制約を理解しておく必要がある。

パレスチナ難民の位置付け

一九四八年五月、パレスチナの地に入植したユダヤ人によってイスラエルが建国された。しかし、これを受けた第一次中東戦争にともない、中東ではアラブ系のパレスチナ難民が発生した（なお、移動の強制性についてはさまざまな議論がある）。その後の数次にわたる中東戦争でもパレスチナで難民が生まれている。現在、その多くがヨルダンやレバノン、シリアなどの近隣諸国や、パレスチナ自治政府が管理する地域に居住している。

国連でパレスチナ難民を管轄するのはＵＮＨＣＲではなく、一九四九年に設立された国連パレスチナ難民救済事業機関（ＵＮＲＷＡ）である。ＵＮＨＣＲに先立って発足したことや、問題の特殊性から、両者の間で役割が分担されている。設立以来、ＵＮＲＷＡはパレスチナ難民に対して教育や医療、社会サービスといった支援活動をおこなっている。

しかし、支援活動がUNRWAによってなされる一方で、長年の懸案事項であるパレスチナ難民の帰還は実現する目途が立っていない。「難民としての苦難を知るなら、イスラエル人はパレスチナ難民の境遇にもう少し共感しても良いのに」と考える向きもあるかもしれないが、イスラエルの側に立てば別のロジックが成立する。

この国の人々は、マサダからホロコーストに至るまでの民族の悲哀を知っている。だからこそ、国の民族構成に影響を与えかねないパレスチナ難民の帰還は、強い警戒をもって受け止められる。その是非はともかく、迫害の意味を知る民族ゆえの鋼のような姿勢と言える。

部外者には強情に映る姿勢だが、パレスチナ難民の件に限らず、イスラエルの人々が脅威と感じるものに過敏に反応する現象は「マサダ症候群」とも呼ばれる。

難民の地位に関する条約

UNHCRの発足を追うかのように、「難民の地位に関する条約」（通称「難民条約」）が一九五一年七月二八日に調印された（発効は一九五四年四月）。条約の最終案が議論されたのは同年七月にジュネーヴで開かれた「難民と無国籍者の地位に関する全権者会議」だった。会議には二六カ国が参加したが、共産圏諸国からはユーゴスラヴィアのみの参加となった。西側諸国の主導で会議は進んでいき、活発な議論を経て、条約が調印された。

一九五〇年代以降、難民条約とUNHCRの二つが、難民保護の国際的枠組みの主要な柱となってきた。この二つの柱を中核として、国内外のさまざまな組織や地域的な条約、各種ガイドラインが存在する。

「国際法上の難民の定義」と言った場合、通常、この条約による難民の定義を指す。難民条約の第一条A項(二)は次のように「難民(refugee)」を定義している。

「一九五一年一月一日前に生じた事件の結果として、かつ、人種、宗教、国籍若《も》しくは特定の社会的集団の構成員であること又は政治的意見を理由に迫害を受けるおそれがあるという十分に理由のある恐怖を有するために、国籍国の外にいる者であって、その国籍国の保護を受けることができないもの又はそのような恐怖を有するためにその国籍国の保護を受けることを望まないもの(略)」

難民条約が念頭に置いたのが、戦争に巻き込まれたというよりも、政治、宗教、人種を理由として特定的に迫害を受ける人たちである。「選び出されて迫害を受ける者」を示唆する定義である。もちろん難民条約のどこにもその言葉は記されていないが、この定義は個人の属性や政治的意見が災いとなって難民となる人物像を浮き立たせている。

この定義のもう一つの特徴は、「国籍国の外にいる」ことが条件となっている点である。つまり、逃げたものの国内にいる人は、難民条約に従えば国際法上の「難民」とはならない。こうした人は「国内避難民（internally displaced person）」と呼ばれる。難民とは別に問題が設定され、国際的な取り組みが進められている。一九九八年二月に国連の人権委員会に提示された「国内強制移動に関する指導原則」はこの問題に関するガイドラインとなってきた。現在、UNHCRも国内避難民の問題に積極的に関与している。

条約の展開

難民条約の定義には「一九五一年一月一日前に生じた事件の結果」という文言がある。六〇年以上も前の事件にふれる文言だが、条約作成にあたっては、すでに発生している難民に限定的に対応しようと、条約の適用範囲に制限をかけた経緯がある。

すなわち、①時間的な制限（一九五一年一月一日前に生じた事件）と②地理的な制限（欧州において生じた事件）の二つが設けられた。地理的制限は条約の第一条B項（一）でふれられていて、各国は調印・加入の際にこれを外すことも選択できた。ただ、これらの二つの制限は時間が経つとともに現実と合わなくなり、一九六七年一月に調印された「難民の地位に関する議定書」で撤廃された。

二〇一五年四月時点での加入国は、難民条約が一四五カ国、議定書が一四六カ国となっている（両方またはどちらかに加入している国の総計は一四八カ国）。後述するEU加盟国はすべて条約と議定書に加入している。日本も然りである。参考までに、北東・東南・南アジアの国で、条約・議定書のいずれにも加入していない国としては、インド、インドネシア、北朝鮮、シンガポール、スリランカ、タイ、パキスタン、バングラデシュ、ベトナム、マレーシア、ミャンマー、モンゴル、ラオスが挙げられる。

なお、難民条約に非加入の国が難民受け入れと無縁かというと、必ずしもそうではない。例えば、タイは軍事政権下にあったミャンマーから逃れた人を多く受け入れてきた（ただし、一定の居住制限はある）。非加入の国であっても、UNHCRと協力したりして、独自に難民の登録制度を設けることはできる。また、国内の制度で難民と認められることがなくとも、外国籍者は何らかの在留資格を得て生活を送ることがある。

難民条約に加入している国においても、「難民」と思える外国籍者が難民の資格を得ずに在留する場合もある。イラン革命の指導者、ホメイニ師は一九七九年二月にイランに凱旋《がいせん》帰還を果たすが、その直前の期間はフランスのパリ郊外に亡命していた。ホメイニは旅行者のビザでフランスに赴き、難民申請はしなかった。

難民保護の枠組みは地域レベルで独自の発展を遂げていった。本書に関連するアフリカと中東地域に限定して簡単にふれると、一九六九年九月には、難民条約を補完する条約として、「アフリカにおける難民問題の特殊な側面を規定するアフリカ統一機構（OAU）条約」が調印された（発効は一九七四年六月）。アフリカ独自の条約だが、難民条約に比べて拡大された難民の定義を用いているのが特徴的である。また、一九九四年三月にはアラブ連盟によって「アラブ諸国における難民の地位を規定するアラブ条約」が採択された。しかし、どの加盟国も批准しておらず、条約は未発効である。

関連する用語

ここで条約の中身から少し離れて、難民に関連して使われる用語を見ておきたい。「亡命者」という言葉がある。政治的に弾圧を受けた者が他国に保護を求める際に用いられることが多い。これは日本独特の表現であり、難民条約には登場しない。英語では、政治的な迫害を理由に国を逃れた者も、村落地域から隣国に逃れた者も、refugee と呼んでいる。ただ、英語で political refugee、スペイン語で asilado といった言葉があり、これらは日本語の「亡命者」のニュアンスに近い。

英語では refugee とならんで asylum という言葉が使われる。難民条約では前文で一度だけ登場する。asylumは「庇護」と訳される。難民が他国から保護を受けた状態を指す。その庇護を求める人がasylum seekerである。日本語では「庇護希求（申請）者」と呼ばれる。本書では分かりやすく「難民申請者」としている。庇護を提供する国は「庇護国（country of asylum）」と呼ばれるが、本書では「受け入れ国」と記した。なお、asylumに近い言葉にexileがある。庇護を受けているか否かにかかわらず、本国から逃れた状態を指す。日本語の定訳はないが、「難民状態」と訳せるだろう。

よく使われる「移民」だが、英語ではmigrantとなる。ただし、migrantの日本語訳として、「移民」よりも「移動者」や「移住者」が適していることも多い。

その移動者についても、ビザを得て合法的に移動する者もいれば、そうでない者もいる。難民申請者のなかには何らかのビザを取得してから移動する者もいるが、EUで見られるように非合法で入域（入国）する事例が多い。こうした移動者は「非正規移動者（irregular migrant）」と呼ばれる。現象を指すときは「非正規移動（irregular migration）」となる。広義の非正規移動には、正規または偽のビザを取得してEUに入域し、その後、不法滞在者（un-documented migrantなどと呼ばれる）となるような事例も含まれる。

厳密には非合法で入国（入域）する者は「非合法移動者（illegal migrant）」と呼ぶべきだが、本書ではより中立的な「非正規移動者」の言葉を用いる。また日本語で定着している「密航者」も所々で用いる。

一般的に「難民」問題と言われるが、その内実は複雑である。例えば、非正規移動者がEUに入域し、いずれかの国で難民申請をおこなうと「難民申請者」になる。トルコですでに難民として暫定的な保護を受けていたとしても、それがEU各国によって自動的に引き継がれるわけではない。実際のところ、EUへの移動の流れにはさまざまな背景をもった人が混在する。にもかかわらず、EUに非正規に流入する人々を一律に「難民」と称するのは全体像を歪《ゆが》めて伝えることになる。やや面倒な議論に映るかもしれないが、本書では異なる用語を区別して使っていきたい。

条約による認定手続き

難民条約に加入している国家は、どのように難民を保護するのだろうか。

先述のとおり、UNHCRには強制力がなく、難民の保護はどこかの国が領域的庇護を提供することによって成立する。手続きとしては各国の行政機関が難民条約の定義に照らし合わせ、申請者が難民であるか否かを決めるのが一般的だ。難民条約に加入している日本も同様である。この手続きを「難民認定」という。難民条約に沿って認定された難民は専門的には「条約難民」と呼ばれる。

難民認定を申請する者が難民の性質に当てはまる場合、「難民性（refugeehood）が高い」という言い方をする（その逆の場合は「難民性が低い」となる）。

意外に思われるかもしれないが、日本人の難民申請者も存在する。UNHCRの統計によると、二〇一三年には世界で日本国籍者によって三七件（アメリカでは最多の一六件）の難民申請がおこなわれた。同年、オーストラリアで二件、カナダで一件、ニュージーランドで一件が難民と認定され、一四件は不認定となっている。不認定の場合、「難民性が低い」と判断されたということになる。

行政機関の役割は、難民申請者の難民性を見極め、難民認定の可否をおこなうことである。留意しておきたいのが、難民条約は存在するが難民の受け入れは国家の義務ではなく、認定行為は基本的に各国政府に委ねられているという点である。ただ、難民申請者が条約の定義に合致すると判断された場合に、原則的にこの申請者を難民として保護する義務が国家に生じる（ただし、例外規定は存在する）。そのため、各国政府は難民定義の解釈に敏感になりがちである。認定の判断をおこなう行政機関と、難民申請者を支援する弁護士や非政府組織（NGO）との間で解釈をめぐって攻防が繰り広げられることも少なくない。

手続きを厳格におこなっている国もある一方で、あまりにも大勢の対象者がいる場合は「一見したところの難民（*prima facie* refugee）」として、厳密な審査をせずに難民として受け入れることもある。大量難民の現象が頻発するアフリカ諸国で運用されることが多い。近年のEUの対応に見られるように、先進諸国の場合は、大量の難民申請者を入国させたとしても、その後、個別に審査をおこなうのが通例である（その結果、大量の不認定者が発生しうる）。なお、条約難民の地位を認めない場合でも、申請者に何らかの保護を与え、在留を認める場合がある。これは一般的に「補完的保護（subsidiary protection）」と呼ばれる。

制度の説明の締めくくりとして、「ノン・ルフールマン（non-refoulement）」と呼ばれる原則にふれたい。「追放する」「送還する」を意味するフランス語refoulerから来ている言葉で、「追放や送還をしないこと」を意味する。難民条約では、難民の生命や自由が脅威にさらされるおそれのある領域の国境に追放したり、送還したりすることは禁止されている（条約第三三条一項）。難民と難民申請者の安全を担保するうえで重要な原則とされている。

その一方で、ノン・ルフールマンの原則を完全に遵守しようとなると、すべての難民申請者を審査し、万全を期すことが求められる。難民や難民申請者にとっては人権保護につながる重要な条項であっても、大規模な人の流入に直面する国家にとっては重い負担をともなう。たしかに第三三条二項では例外規定（「当該締約国の安全にとって危険であると認めるに足りる相当な理由がある者」などの場合）が設けられているが、大量の難民申請者に紛れ込んだテロリストや戦争犯罪者の流入を許しかねないなど、安全保障上の危険も高い。人権規範に忠実でありたいとする国ほど、大量流入に向き合う際に苦悩をもたらす原則である。

3　二一世紀初頭の動向

二〇一〇年代の人道危機

二つの世界大戦を経て、UNHCRと難民条約という国際的な保護の制度が確立した。二〇世紀は「難民の世紀」と呼ばれることがあるが、第二次世界大戦後もおびただしい数の難民が発生し、こうした制度の枠内外で支援を受けてきた。一九五〇年代のハンガリー難民、一九六〇年代にアフリカでの脱植民地の動きにともなって発生した難民、一九七〇年代に南アジアやインドシナ半島で生じた難民など、枚挙に暇《いとま》がない。一九八〇年代に入っても中央アメリカ諸国やアフガニスタンで多くの難民が発生した。冷戦終結後の一九九〇年代はイラク北部や旧ユーゴスラヴィア、ソマリア、ルワンダ、リベリア、シエラレオネ、コンゴ民主共和国（旧ザイール）などが危機の舞台となった。

二一世紀も難民の世紀となるか否かは明言できないものの、少なくとも二〇一〇年代の中東情勢は難民の歴史に新たなページを刻んでいる。二〇一一年に始まったシリア危機が「今世紀最悪の人道危機（humanitarian crisis）」と言われて久しいが、シリアは一〇〇〇万人の規模で難民と国内避難民を出している。二〇一〇年代は平和とは程遠く、「人道危機の時代」にあると言えるかもしれない。

「人道危機」とは、人々の普通の生活が失われ、無辜《むこ》の人命が失われる状態を指す。安全を求めて国内外で多数の人が移動する。移動した人も、移動できない人も、平常の生活を営むのがきわめて難しくなる。原因は戦争だけに限らない。極端な気象現象が多発するなか、災害も大きな要因となっている。むろん人道危機はこれまでにもあった現象である。しかし、不透明な時代のなかで、先進国の人々に不安を与え、脅威を実感させながら起きているところに、二〇一〇年代の危機の質的な違いがあるように思われる。

注意を引くデータがある。オスロ平和研究所のニルス・グレディッチによると、第二次世界大戦後の一〇年間は毎年平均三〇万人ほどの紛争犠牲者（死者）を出していたが、二一世紀の最初の一〇年間は約四万四〇〇〇人に減っていた（この間に世界の人口は倍以上に増えたにもかかわらず、である）。年間一〇〇〇人の犠牲者を出した戦争の数を年ごとに比較した場合も、ポスト冷戦期（冷戦終結後の時期）には、それ以前と比較すれば数は減っていたという。

しかし、二〇一〇年代、武力紛争は活発化する傾向を示し、紛争犠牲者の数も増加傾向にある。スウェーデンにあるウプサラ大学の紛争データ・プログラムによれば、二〇一四年の紛争犠牲者は一二万六〇五九人に上っている。紛争の最中に餓死《がし》する人や医療を受けられなくなって死亡する人を加えれば、膨大な数に上るだろう。

犯罪的暴力の犠牲者も後を絶たない。中南米やアフリカ諸国で多発する現象だが、国連機関によると世界での犠牲者数は四三万七〇〇〇人（二〇一二年）と、紛争犠牲者よりも多い。中米ホンジュラスの都市、サン・ペドロ・スーラは、ＩＳに制圧される以前のイラクのモスルよりも人口比の犠牲者数が多かった（二〇一一年、人口一〇万人当たりの殺人事件の犠牲者は、サン・ペドロ・スーラは一五八人だが、モスルは三五人）。こうした状況は「都市型暴力（urban violence）」とも呼ばれ、ＩＣＲＣなどがこの問題に取り組んでいる。

難民・国内避難民の世界的動向

人道危機のもう一つの指標は移動を迫られる人の数である。安全を求めて国内外で流動する人々は、動揺する国家の姿を体現しており、人道危機の象徴的存在とさえ言える。ＵＮＨＣＲによると、二〇一五年末時点で世界の難民の数は一五四八万人（条約難民に加えて、それ以外の何らかの保護を受けている者を含む）。一九九〇年代からの推移（図1-1）を見れば、二〇〇〇年代前半で減少したものの、二〇一〇年代に著しく伸びた。

加えて、二〇一五年末時点で、紛争や暴力による国内避難民の数は推定四〇八〇万人。国

図1－1　難民の数の推移（1990～2015年）

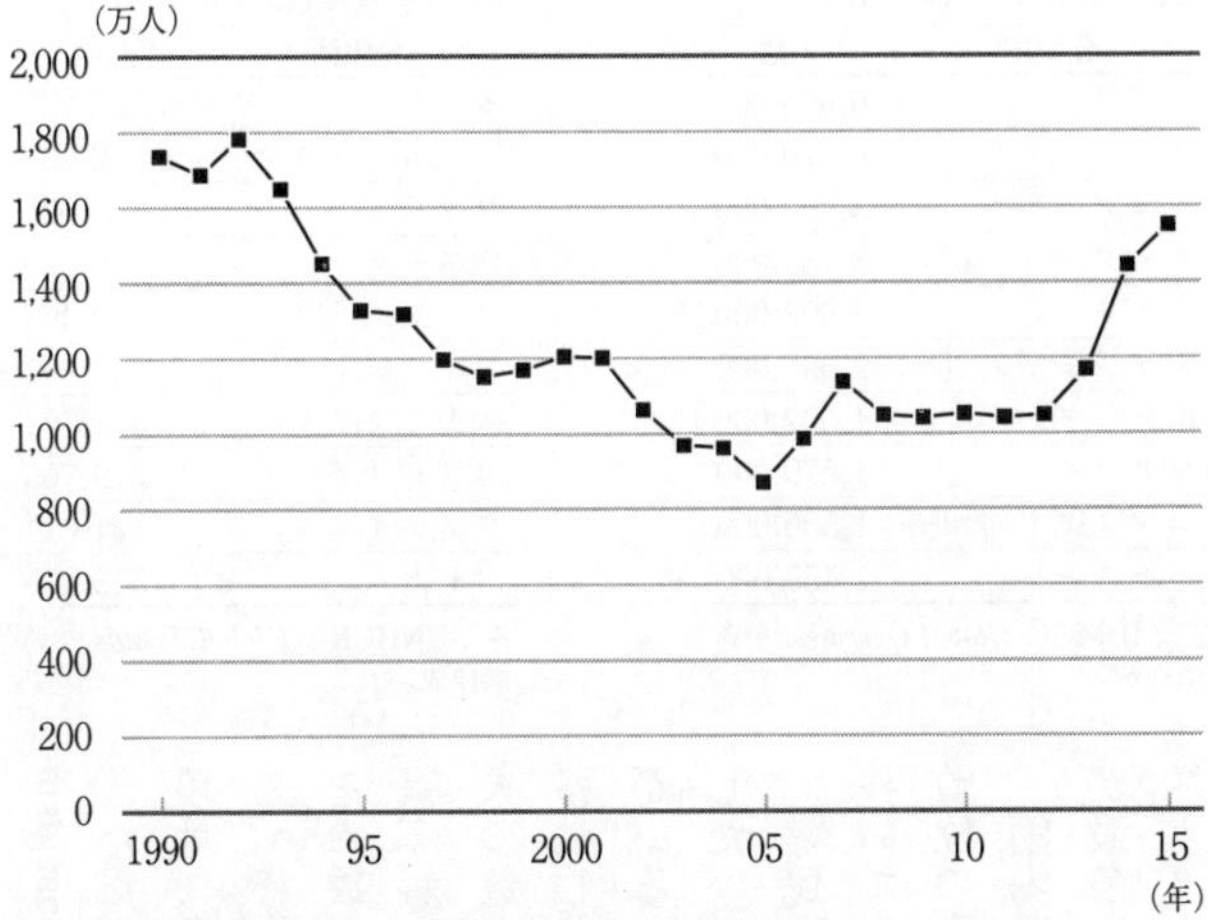

注：UNHCRの *Statistical Yearbook*（*Overview*）を基に作成。

内避難民の問題に特化したシンクタンク、国内強制移動モニタリングセンター（IDMC）が示した数値だ。ちなみに、自然災害による国内避難民は、IDMCによると二〇〇八年から二〇一五年の間で二億三四〇〇万人となっている。

さらに、UNRWAに登録されたパレスチナ難民は、二〇一五年一月時点で五一五万人である。

統計に表れた世界の難民および国内避難民（自然災害を除く）を合計すれば六一四三万人の規模となる（UNHCRは難民申請者なども加えて六五三〇万人としている）。これは世界の「強制移動者」（forced migrants / forcibly

表1－1　難民の数
（2015年末時点、上位10件）

発生国	人数
シリア	4,850,792
アフガニスタン	2,662,954
ソマリア	1,123,022
南スーダン	778,629
スーダン	622,463
コンゴ民主共和国	541,291
中央アフリカ	471,104
エリトリア	379,766
ウクライナ	321,014
ベトナム	313,155

注：UNHCRの *Global Trends* を基に作成。

表1－2　国内避難民の数
（2015年末時点、上位10件）

発生国	人数
シリア	6,600,000
コロンビア	6,270,000
イラク	3,290,000
スーダン	3,182,000
イエメン	2,509,000
ナイジェリア	2,096,000
南スーダン	1,697,000
ウクライナ	1,679,000
コンゴ民主共和国	1,500,000
パキスタン	1,459,000

注：IDMCの *Global Overview* を基に作成。

displaced people)」の数として言及されることが多い。

　ただ、難民や国内避難民が統計の対象となる一方で、現地で危険にさらされている人々は忘れられがちである。移動した者に比べれば可視化されない存在であり、その数を正確に算出することは不可能である。飢餓状態にある人や路上生活者を含め、脆弱《ぜいじゃく》な状態にある人の数となると、数億、十数億の規模になるだろう。移動したことによって安全や良好な生計手段を得た人がいる一方で、移動すらできない人がいることに注意したい。

　難民に話を戻そう。難民発生国（表1－1）で群を抜いているのがシリアである。二〇一四年にそれまで首位の座にあったアフガニスタンを抜いた。

　国内避難民の発生国（表1－2）を見ても、シリアが最多である。これに続くのがコロンビア、イラク、スーダン、イエメンなどとなっている。難民発生国の順番とは異なっているが、国内で避難できる、国内の残留を希望する、あるいは国外への移動が難しいなど、さまざまな理由で難民とならずに国内避難民となっている。

では、世界のどの国々が難民を多く受け入れているのか（表１－３）。統計からも分かるように、トルコやパキスタンなど、紛争国の近くに位置する国が多い。地理的に隣接しているために、負担を引き受けざるをえない現実がある。

表1－3　難民の受け入れ数
（2015年末時点、上位10件）

受け入れ国	人数
トルコ	2,541,352
パキスタン	1,561,162
レバノン	1,070,854
イラン	979,437
エチオピア	736,086
ヨルダン	664,118
ケニア	553,912
ウガンダ	477,187
コンゴ民主共和国	383,095
チャド	369,540

注：UNHCRの *Global Trends* を基に作成。

移動は「強制」か

統計から少し離れて、概念的な側面にもふれておきたい。人々が難民や国内避難民となる現象を、本書では「難民化」と呼んでいる。英語では displacement と言うが、「難民化」のほかに「強制移動」とも訳される。国内避難民の場合は internal displacement となり、筆者は便宜的に「国内強制移動」と訳している。さらに、同種の概念として forced migration がある。この場合も「強制移動」となる。

このように「強制」の言葉が用いられるが、移動の強制性は丁寧に見なければならない。

居住地を離れる際に、選択の余地がある人もいる。紛争が始まる予兆を感じて、または紛争の初期の段階で、計画的な移住を試みる人は少なくない。武力紛争以外の文脈でも、貧困層が生計手段を求めて移動することがある。二億五三〇〇万人はいると言われる中国の「流民」の現象はその一例である。

その一方で、文字どおり移動を強いられる人々も存在する。スリランカの国内避難民から筆者が聞いた話だが、銃をもった武装勢力から四八時間以内に自宅から退去するように命じられたという。わずかな所持金と袋一つの着替えを持参することしか認められず、他の持ち物はすべて置いていくよう強要されたとのことだった。ちなみに、強制性の高い移動の事例としては、北朝鮮による拉致事件が挙げられるが、これは「拉致」として概念化されている。

自発的な選択をした人の場合、強制性がまったく認められないかといえば、そうでもない。「紛争がなければ移動しなかったはずだ」と考えれば、その人の移動には一定の強制性があったと言える。実際、「自発的な移動」と「強制的な移動」とをきれいに区別するのは難しい。「強制」のラベルは権利を主張するうえでは有効だとしても、移動における強制性の度合いは人によって異なる。それを一律に「強制」としてしまうのは事実を歪めかねない。自発的か強制的かというよりも、すでに提唱されるように、「事前対応的（proactive）」や「事後対応的（reactive）」と考えたほうが合理的である。

時代の映し絵として

人間の歴史は数々の難民化の現象を生み出してきたが、今も昔も難民の存在はその時代が抱える問題の映し絵である。

この現象が連綿と続いてきたなかで、第一次世界大戦後の国際連盟によるロシア難民支援の動きは転換点となった。関係国の政治的な思惑はあったものの、人道主義と国際協調主義が具体的な形となって表れた場面だった。第二次世界大戦後は国連を中心に難民の国際的保護の枠組みが確立した。概して大戦の後はその反動として国際協調の潮流が現れる。難民支援の機運の高まりはその好例である。

二度の大戦を経て、難民保護の国際的な制度は拡充した。それは人権や人道の領域で国際的な規範を築く動きと軌を一にするものだった。

しかし、それに逆行するかのように、私たちが住む二〇一〇年代の世界では戦争やテロが多発している。人道危機もやむことはない。世界の国々がどれだけ難民を受け入れても、難民は生まれ続ける。しかも難民は人道危機の一側面でしかなく、自国にとどまり危険にさらされている人となると数知れない。

二〇一〇年代、世界は目に見えて危険になった。この趨向《すうこう》は、次章で述べるように、二一世紀に入ってさらに顕著になったイスラム圏の動揺との関連で見なければならない。

第2章　揺れ動くイスラム圏

1　アフガニスタンからの連鎖

イスラム主義の拡大

いつの時代にも「火薬庫」となる国がある。二〇一〇年代、その役を演じているのが、西アジアから中東、アフリカ、特に北アフリカとサヘル地域（サハラ砂漠の南縁の地域）にかけての国々である（地図2－1参照）。宗教地図で言うなら、イスラム圏の国々と重なり合う。現状を見るなら、「発火した火薬庫」と言って良い。

ＥＵに流入する人々の出身国を見ても、シリアだけではなくアフガニスタンやイラク、その他のイスラム圏諸国が浮かび上がる。となれば、懸案となっているシリア難民だけを切り

地図2-1　西アジアからサヘル地域にかけての国々

取った説明では不十分であり、揺れ動く国々の全体像を見ておく必要がある。

イスラム圏の動揺の背景にあるのが、イスラムの理念を政治や社会のなかで忠実に実現しようとするイスラム主義（Islamism）の広がりである。西暦一九七九年一一月に始まったイスラム暦一四〇〇年代を特徴付ける潮流である。イスラム主義はシーア派でもスンナ派でも存在するが、世界的に人口の多いスンナ派の間での伸長が目立っている。シーア派の場合、すでにイランでイスラム革命が実現したため、宗派の中心地では安定したと見ることもできる。

ここではイスラム圏の大勢を占めるスンナ派を念頭に話を進めたい。

イスラム主義のなかでも世界的に広がる武闘的な動きを「グローバル・ジハード（global Jihad）」、つまり「世界的聖戦」と捉える見方がある。加えて、ジハード主義（Jihadism）やサラフィ主義（Salafism）という名称もこの議論でよく使われる。

ジハードは「聖戦」と訳されるが、「奮闘」「努力」の意味がある。イスラム教徒の義務として教義を実行するといったものだが、イスラム圏外との関係で「防衛」というニュアンスを帯びることになる。防衛義務が拡大解釈され、無明状態（ジャーヒリーヤ）や不信仰者（カーフィル）に対する戦闘的なジハード思想が生まれた（元来、「無明」はイスラムが興る前の時代を意味する）。この種の思想を推し進めれば、世俗政権に支配されるイスラム圏の国々も、西洋との共存を認めるイスラムの宗教指導者（イマーム）も、聖地を擁するサウジアラビアに進駐したアメリカも、未だ無明状態にある日本や日本人も、ジハードの対象となりうる。

サラフィ主義は正統カリフ時代（六三二～六六一年）に範を求める復古主義のことである（「カリフ」はスンナ派の世界で預言者ムハンマドの後継者を指す）。一種の純化思想である。「サラフ」はアラビア語で「先人」や「初期イスラム」を意味する。スンナ派のなかから生まれた思想で、概して近代国家に否定的である。過激主義者がサラフィ主義者を名乗るため、欧米諸国でイスラムに依拠した過激主義を論じる際、この名称が用いられることがある。サラフィ主義者のすべてが暴力的ということではない。

イスラム主義、あるいは復古主義は今に始まった動きではない。中世のシリアで活躍したイスラム学者のイブン・タイミーヤ（一二六三～一三二八年）は復古主義の思想的源流を用意したと言われる。二〇世紀に入り、一九二八年に復古主義を唱えるムスリム同胞団がエジプトで結成され、一九六四年には同胞団の理論家であったサイイド・クトゥブが著書『道標』を著している。この本は出版後、イスラム主義者によって広く読まれることとなる。そうした思想がスンナ派の一部の間に伝播《でんぱ》し、世俗国家のなかで先鋭化されつつ、暴力とともに顕在化している。イスラムの純化を目指す思想は世俗国家、つまり政教分離を原則とする国家とは理念的に相容れないだけに、既存の国家との緊張関係があらわとなる。

秩序を揺さぶる思想

イスラム主義やサラフィ思想では、シャリア、すなわちイスラム法が重要な位置を占める。イスラム圏の国でのシャリアの導入は、宗教的伝統に則った秩序形成という点では不条理なものではない。イランやサウジアラビアなど、導入している国は数多い（どの範囲まで採用するかは国によって異なる）。ただし、身体刑であるハッド刑など、西欧や日本の基準で考えれば残忍な部分がシャリアにあることは否めない。

問題は、そうした主張の対象がイスラム圏の世俗国家に及ぶときである。さらにはイスラム圏以外の国が的になると正面衝突が起きる。例えば、西欧諸国に居住するイスラム教徒が治外法権的にシャリアを適用したり、その導入を求めたりするような場合、受け入れ側の社会との軋轢《あつれき》は不可避となる。代表がテロ容疑で逮捕され、解散を命じられたベルギーのサラフィ主義の団体、「ベルギーのためのシャリア（Sharia4Belgium）」はその一例である。

イスラム共同体である「ウンマ」を築くという構想も、既存の国家と衝突する運命にある。イスラムがアラビア半島にとどまっていれば、カリフが指導するウンマは現実のものとして維持できただろう。しかし、正統カリフ時代が終わった時点で判明したように、イスラムの世界的な成功と拡大はウンマの実現を困難なものとした。ウンマという理想がある一方で、国家という現実が目の前にある。その狭間でイスラム圏は揺れ動いていると言える。

シャリア重視といった共通項があるものの、イスラム主義の系統や目的、急進性、手段の暴力性は多種多様である。ジハードの対象も自国や周辺国の体制（いわゆる「近くの敵」）の打倒だったり、米欧諸国（「遠くの国」）への攻撃だったりと、さまざまである。ＩＳにとってはエジプトのムスリム同胞団でさえも敵と位置付けられる。ただ、こうした思想に共鳴する無数の集団や個人が離合集散を繰り返し、一つのうねりを形成してきた。若年層や過激化した改宗者の参加、さらには暴力活動のフランチャイズ化も共通項として浮かび上がる。

七世紀への回帰を唱えるものの、運動の展開はいかにも二一世紀的である。ＩＳを例にとれば、過激思想に染まった戦闘員は越境をいとわない。彼らは賛同者とともに、ソーシャル・ネットワーキング・サービス（ＳＮＳ）で自らの主張を拡散する。ＳＮＳとは相性が良いのだろう。サイバー空間では格好良いジハード像（「ジハード・クール」と呼ばれる）が巧みに演出される。この手の運動もグローバル化の申し子である。

むろん「グローバル・ジハード」の一言だけでイスラム圏の混乱のすべてを説明できるものではない。スンナ派とシーア派との対立軸に加えて、スンナ派内での諸勢力の対立、既存の国家の制度疲労、政党政治の暴力化、独裁体制なき後の無政府状態、さらには土着勢力の伸長といった要素もある。歴史への義憤や近代化への反感も背景にあるかもしれない。失業や貧困、格差、疎外、あるいは異常気象による生活環境の異変など、社会経済の側面にも注意が求められる。ただし、社会の上層が過激思想に共鳴することも多く、貧困や格差のみに原因を求めることはできない。

指摘するまでもないが、イスラム教徒の全員が過激思想に感化されているわけではない。しかし、声の大きい少数者が人々の不満を糧として勢力を伸ばし、時に暴力をもって国内外の秩序を揺さぶっている。イスラム圏における国家の動揺も、その動きに言及することなくしては十分に論じることはできない。

以上の点を意識しつつ、ここからはソ連のアフガニスタン侵攻から始まった連鎖的な動きを概観していく。特にイスラム圏からEUにかけて起きている難民問題との関連では、アフガニスタン、イラク、シリア、リビアの情勢の把握は必要不可欠である。

発火点

イスラム主義に根差した暴力的な現象は二一世紀に入って特に目立っている。嚆矢となったのは二〇〇一年九月のアメリカ同時多発テロ事件だが、その源流はアフガニスタンに見いだせる。

一九七九年一二月、ソ連は現地の共産政権を支援することを目的にアフガニスタンに侵攻した。ソ連の侵攻に対して、地元の武装集団のみならず、イスラム圏諸国から集まった戦闘員が抵抗運動を繰り広げた。アフガニスタンは戦闘員たちにとって実践の場ともネットワーク構築の場ともなった。この抵抗運動はアメリカや中東諸国も支援した。

一九八八年五月にソ連は撤退を始めるが、アフガニスタンではその後も内戦と政情不安が続く。アフガニスタンが混乱状態にあったことは、二〇一四年にシリアにとって代わられるまで、三二年間連続で難民発生国の首位の座を占めていた事実にも見てとれる。一九九〇年のピーク時にはアフガニスタン難民は六三〇万人を数えた。

一九九〇年代前半、無政府状態のアフガニスタンに過激派組織「タリバン」（パシュトゥー語で「学生たち」を意味する）が勃興した。元々はパキスタンにいたアフガニスタン難民のなかから生まれた組織である。いわゆる「難民戦士（refugee warriors）」だった。タリバンはア

地図２－２　アフガニスタンにおけるタリバンの勢力範囲（2016年2月時点）

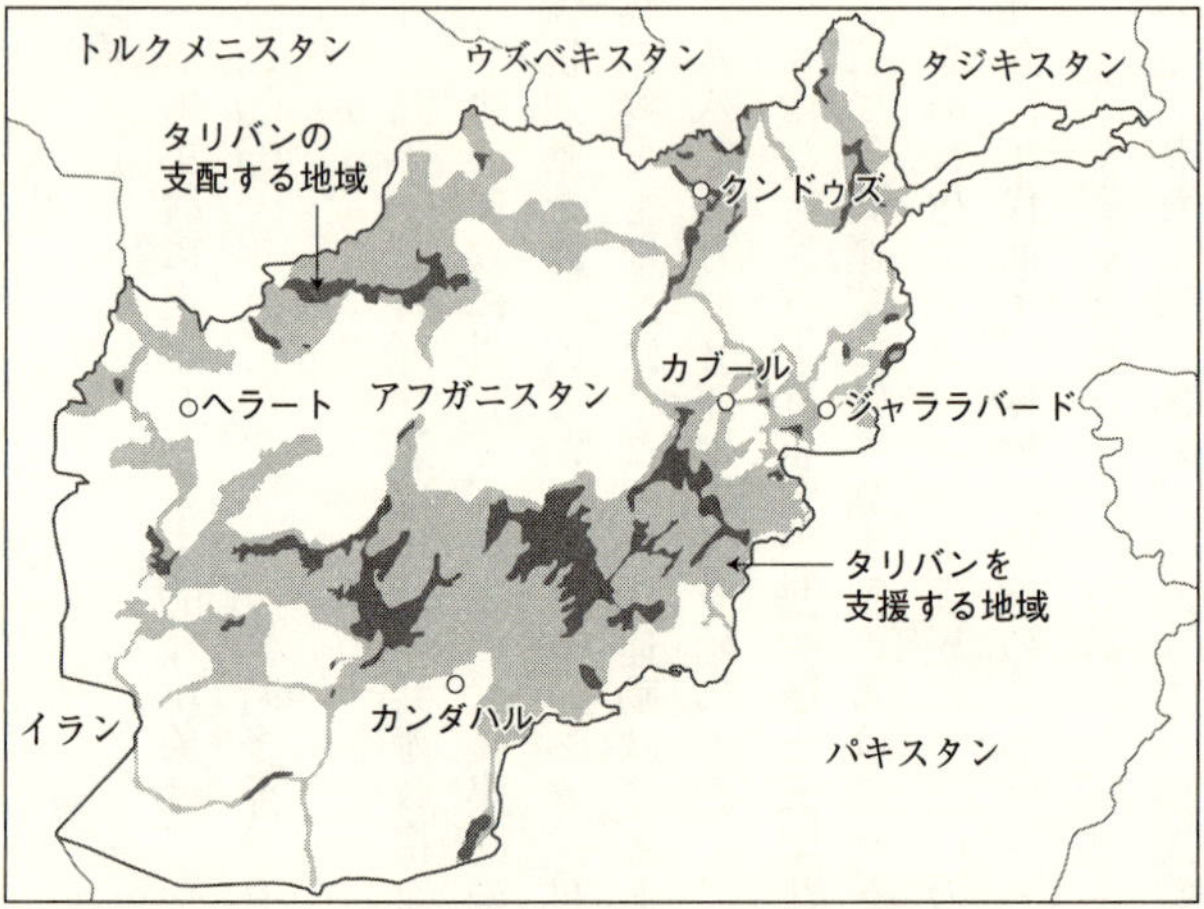

注：戦争学研究所（Institute for the Study of War）の資料に依拠した。

フガニスタン南部のカンダハルから一九九六年までにほぼ全土を掌握した。その地に根を下ろしたのが、外来の過激派組織「アルカイダ」（アラビア語で「基地」の意味）である。組織を率いるサウジアラビア出身のウサマ・ビン・ラーディンは、アフガニスタンを拠点としてテロ活動を展開した。

かつてはソ連軍を攻撃対象としていたビン・ラーディンだが、一九九一年の湾岸戦争を経て、サウジアラビアに進駐したアメリカを敵視するようになる。アルカイダの矛先はこの超大国に向かった。一九九八年、タンザニアとケニアの両国でアメリカ大使館の爆破を企てる。そして二〇〇一年九月一一日、アメリカで同時多発テロを引き起こす。このテロ事件は三〇〇〇人あまりの犠牲者を出した。

これに対してアメリカはイギリスとともに翌一〇月、「不朽の自由作戦」を開始する。その結果、タリバンはアフガニスタンの主要地域から駆逐された。アメリカはアルカイダの除去にも成功する（逃げ延びたビン・ラーディンは二〇一一年五月、パキスタンでアメリカ軍の特殊部隊によって殺害される）。

より長期的な「テロとの戦い」も本格化した。この戦いは軍事手段だけによるものではなく、司法、出入国管理、金融・経済、諜報《ちょうほう》のあらゆる手段を動員した総力戦である。

その後、アフガニスタンでは国際的な支援を受けた政権が樹立し、首都カブールを中心に一定の安定を取り戻した。それでも同国の南部・南東部では、タリバンの残党が隣国パキスタンの過激派組織とも連携しながら勢力を保ってきた（地図2－2参照）。これに対し、北大西洋条約機構（NATO）の加盟国による国際治安支援部隊（ISAF）が対反乱作戦（掃討作戦）をおこなってきた。ISAFは二〇一四年末に撤退するが、武装勢力を壊滅させるには至らなかった。

ISAFの撤退により武装勢力の攻勢が懸念されたことから、二〇一五年一〇月、アメリカのバラック・オバマ大統領はアメリカ軍の駐留延長を決定した。

イラクという重しの崩壊

大量破壊兵器を保有するとされたイラクのサダム・フセイン政権の転覆を目指し、二〇〇三年三月、ジョージ・W・ブッシュ政権の判断のもと、アメリカ主導の戦争（「イラクの自由作戦」）がおこなわれた。アメリカ率いる有志連合はフセイン政権の打倒に成功する。

しかし、地域の安定に貢献してきた独裁政権を倒したことは、イラクの弱体化のみならず、隣国のシリアを含めた地域情勢の不安定化を引き起こした。混乱に見舞われたイラクとシリアの情勢は、ISを介して連動していくことになる（両国の成立の経緯は本書の第5章でふれる）。

スンナ派のフセイン政権崩壊後、有志連合はイラクに民主的な政権を打ち立てようとする。アメリカは引き続き軍を駐留させ、イラク軍の立て直しにも尽力した。国際的な復興支援も積極的におこなわれた。だが、イラクの再建は足踏みし始める。人口の約六割を占めるシーア派を母体とする新しい政権は、シーア派優遇政策を進めてしまう。数では劣るスンナ派の住民はこれに不満を募らせた。スンナ派住民の疎外感が増すなかで、それを吸収するかのようにスンナ派の過激派組織が勢いを増す。アメリカ軍は対反乱作戦をおこなうものの、武装勢力が暴力で応酬し、さらに勢いを増すという、悪循環が生まれた。

イラクは大雑把に分ければ、中南部のシーア派、中西部のスンナ派、北東部のクルド人の三つの勢力圏に分断されてしまう（クルド人は比較的安定した「クルディスタン地方政府」を運営している）。旧来の国境線に沿った統一国家はそこにはない。その一方で、シーア派主体のイラク政府の後ろ盾として、シーア派の地域大国イランが影響力を拡大した。アメリカがイラクのフセイン政権を崩壊させた後、皮肉にもアメリカの政敵だったイランが台頭した。

スンナ派の過激派勢力が成長した背景には、民衆の不満を吸い上げたことに加えて、アフガニスタンにいた戦闘員がイラクに移ってきたことや、旧フセイン政権の残党が加勢したことなども要因としてあった。アメリカ軍が二〇一一年にイラクから撤退した後に力の空白が生じたことも原因として指摘される。対反乱作戦は過激派を勢いづかせたが、対反乱作戦の不在も過激派を勢いづかせたのである。

二〇〇三年のイラク戦争は、二〇〇一年の同時多発テロで衝撃を受けたアメリカの反動だった。しかし、戦争後の政情不安のなかで「イラクのアルカイダ」が生まれ、そこから「イラクのイスラム国」、そして現在のISが発展することになる。中東研究者の酒井啓子《けいこ》の表現を借りれば、ISは「イラク戦争の落とし子」という側面をもつ。

ただ、より遡《さかのぼ》って考えるなら、ソ連によるアフガニスタンへの介入以来、スンナ派のイスラム主義が伸長し、その流れのなかで最も暴力的な形態としてISが生まれたと見ることができる。イラク戦争はその登場を早めたにすぎない。

ＩＳは二〇一四年一月にバグダッド近郊のファルージャを制圧した後、同年六月にはイラク第二の都市、モスルを陥落させた。アフガニスタンからイラクに続く連鎖的な状況は、シリア情勢とも連動していくこととなる（後出の地図２－３参照）。

２　「アラブの春」以降の混乱

瓦解するシリア

イラクで勢力を広げたＩＳは、破竹の勢いで隣国のシリアに勢力範囲を広げた（地図２－３参照）。すでに混迷していたシリア情勢はますます入り乱れた構図となる。

シリアの混乱を語るには、チュニジアが起点となった「アラブの春」から始めなければならない。二〇一〇年一二月、チュニジア中部の都市、シディブジッドの路上で免許のないまに野菜を売っていた青年が当局に秤《はかり》を没収された。これに続く役所の対応に抗議して青年は焼身自殺をしたが、その事件がチュニジアの民衆の怒りに火をつけた。アラブの春はそれに端を発した汎《はん》アラブ的な社会運動である。

政治改革を求める民衆の動きはシリアでも高まった。政権側は武力で弾圧するが、それに対抗する勢力が武装化し、宗派や民族が複雑に絡み合った内戦に展開していく。

地図2－3　シリアとイラクにおけるISの勢力範囲（2016年5月時点）

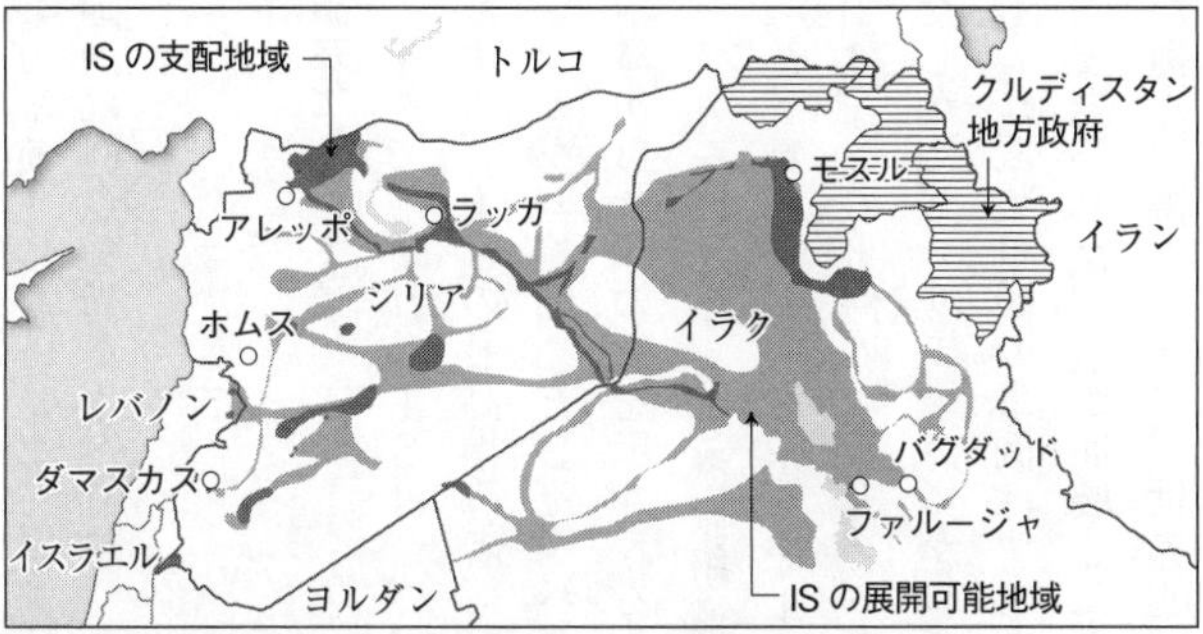

注：戦争学研究所を出典とするBBCの資料に依拠した。

内戦の背景の一つをなすシリアの宗派と民族は、中東地域の入り組んだ歴史を映し出している。イスラムのスンナ派が人口比では七割強を占める。その一方で、バシャール・アル・アサド大統領が母体とするアラウィ派（シーア派の一派）は一割ほどにとどまる。民族別では九割方がアラブ人で、クルド人が一割弱を占める。このほか、キリスト教徒（各種宗派）、ドルーズ教徒、ヤジディ教徒など、さまざまなマイノリティがいる。

アサド政権に対抗して、紛争の初期の段階からスンナ派の穏健勢力（かつては「自由シリア軍」が優勢だった）や過激派勢力（「ヌスラ戦線」など）、クルド人の武装勢力などが戦ってきた。ただ、シリア危機は内戦である以上に代理戦争の様相を呈している。近隣諸国や関係諸国は、財政支援や武器の提供、軍事顧問・義勇兵の派遣を通じて紛争に関与してきた。無数の武装組織が台頭し、膠着《こうちゃく》状態が続くなか、力の空白地帯に進出してきたのがＩＳだった。シリア国内に拠点を構えるべく早くから準備を進めていたと言われるが、まさに漁夫の利を得た形となった。

顕在化したＩＳ

イラクで生まれたＩＳは、二〇一四年六月、イラクとシリアをまたいだ地域で「建国」を宣言する。ＩＳの最高指導者、アブバクル・バグダディは「カリフ」を名乗り、シリアの都市ラッカを「首都」とした。バグダディが率いる自称「カリフ制国家」は、世界各地の過激派組織から恭順の意を示されることがあっても、どの国からも承認されなかった。とはいえ、イスラムを標榜《ひょうぼう》する過激派組織が実効支配のうえに国家建設を試みたことは驚愕《きょうがく》の出来事だった。ロレッタ・ナポリオーニの著書の邦題『イスラム国　テロリストが国家をつくる時』は、この事件のエッセンスを上手く言い表している。

たしかに、スリランカでかつて勢力を誇った「タミル・イーラム解放の虎」など、領域性をもった武装組織の事例はすでにある。ただ、ＩＳの場合、急な展開だったことに加えて、堅固と思われた国境が崩壊したのは目に見える衝撃だった。イスラム主義のなかの過激な流れが拠点を得たことや、世界的な展開性をもつ自称イスラム国家が出現したこともあって、強い危機感をもって受け止められた。

二〇一六年二月、国連から委任された独立国際調査委員会は「分断されたシリア国家は崩壊寸前」と結論付けたが、凄《すさ》まじい内戦によって国家はすでに崩壊していた。首都ダマスカスを拠点とするアサド政権は国土の一部しか掌握できておらず、二〇一六年六月時点で勢力範囲を保持しているISをはじめとして、無数の武装勢力によって国土は分断されている。

そのISに対して、アメリカを中心とする有志連合は「固有の決意作戦」を展開し、空爆をおこなってきた。二〇一五年一一月以降はパリでのテロ事件を受け、フランスもISへの空爆を強化した。社会党のオランド政権の行動を解釈するなら、自由の価値や国際秩序を守るためには軍事的手段も辞さないというものである。「リベラル・ホーク（自由主義のタカ派）」のロジックである。他方で、アサド政権を支持するロシアも同年一〇月にISや反政府勢力に対して空爆を開始し、同政権の浮揚に一役買った。

有志連合の攻撃で特徴的なのは、大規模な地上戦を展開しない代わりに、ISの施設などに的を絞って空爆を実施していることである。地上戦はクルド人の部隊やその他の武装勢力が担っている（ただし、アメリカの特殊部隊による急襲作戦は実行されている）。

この点に関連して述べるなら、テロとの戦いを論じる際、「憎しみの連鎖」を批判的に語る向きがある。たしかに、有志連合の空爆によって民間人の犠牲（軍事の世界では「付随的被害」と呼ばれる）が生まれ、ＩＳの反撃をも招いている。

では、憎しみや暴力の連鎖を生まないために、ＩＳに対する一切の攻撃をやめ、支配下の住民を人身御供《ひとみごくう》とすることが道義的に許されるのか――。大きな平和のために誰かが犠牲にならなければならないとしたら、それも難しい問いを突きつける。もっとも、先進諸国でのテロ対策を考えれば、空爆でＩＳを牽制《けんせい》しつつも、あえて壊滅させないのが合理的かもしれないが、その場合も支配地域の住民が犠牲になるのだから、葛藤はつきまとう。

独裁者なきリビア

独裁政権下で長らく安定していたリビアも、アラブの春を経て混乱に陥った。ちなみに、リビアはシリアとイラクとはオスマン帝国の旧領という点で共通項がある。

一九六九年に政権の座に就いたムアンマル・アル・カダフィ大佐は、独裁的だがそれゆえ安定した統治を維持してきた。ただ、米欧諸国に対する挑発的な姿勢が際立った。一九八〇年代、アメリカとの確執は激しく、リビアによるテロ攻撃がおこなわれ、それに対してアメリカが報復するという展開があった。アメリカやフランスの旅客機の爆破行為に関与したとして、国連の安全保障理事会（以下、安保理）がリビアに制裁を科していたこともあった。

アラブの春の高まりとともに、リビアにも民主化を求める動きが起きる。カダフィ政権はそうした動きを力で鎮圧した。報道によると、政府軍はデモ隊に対して機銃掃射をおこなったり、迫撃砲や手榴弾を用いたりした。第二の都市、ベンガジにおいて弾圧は激しさを増し、欧米諸国は軍事介入に踏み切った。

二〇一一年三月、安保理はNATOに対して一般住民を保護するための「すべての必要な措置」を許可し、リビア全域を飛行禁止区域に設定する。抵抗を続けたカダフィ政権だが、NATO諸国軍の攻撃も奏功し、同政権は崩壊した（同年一〇月、逃亡したカダフィは探し出され、リビア人の兵士によって撲殺《ぼくさつ》された）。

リビアでの軍事介入で特徴的なのは文民保護が目的に掲げられたことである（「文民」とは、戦闘に従事していない一般住民を指す）。ベンガジの情勢が緊迫化していた二〇一一年三月、人権NGO、ヒューマン・ライツ・ウォッチのケネス・ロス代表が安保理の決定に期待を寄せる発言をしたように、文民をカダフィ政権から守るという大義は欧米諸国では概ね共有されていたと思われる。たしかに、カダフィ政権による人権弾圧は厳しいものがあった。二〇一一年以降、国内各所で次々と集団墓地が掘り起こされ、旧政権下で殺害されたと見られる人々の遺体が見つかっている。

しかし、NATOによる軍事介入以降、独裁者を欠いたリビアは混乱に陥った。

政権転覆の立役者だったリビア国民評議会は二〇一二年八月に国民議会に権力を移譲する

地図2－4　リビア沿岸部における諸派の勢力範囲（2016年3月時点）

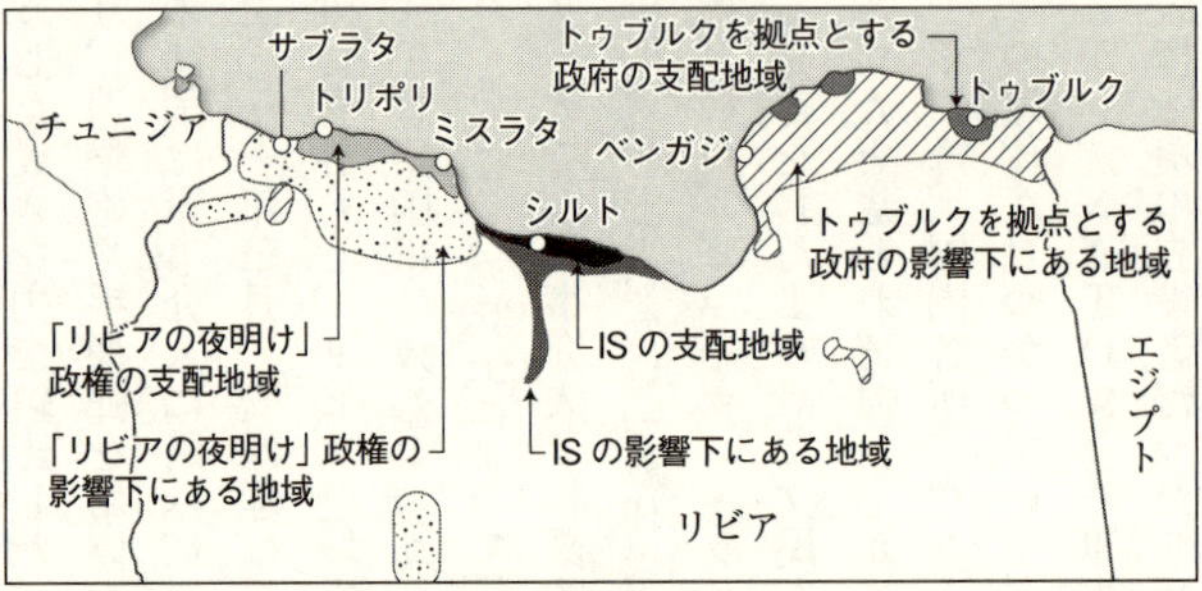

注：アメリカン・エンタープライズ研究所の資料に依拠した。

が、二〇一四年六月頃から沿岸部では主に二つの政権が競合する状態となった。国際社会から支持されている政権は東部の都市、トゥブルクを拠点とし、もう一つの「リビアの夜明け」政権はトリポリを拠点としてきた（地図2－4参照）。その他の勢力も各地で根を張っている。

ここでも漁夫の利を得るかのように、ISは分裂状態のリビアで伸長した。北アフリカ諸国からも戦闘員が多数流入し、サブラタやシルトといった地域で拠点を構えた。だが、二〇一六年二月、サブラタにあるISの基地がアメリカ軍によって攻撃され、その後、シルトでも諸勢力の攻撃にさらされるなど、二〇一六年六月時点でISは劣勢に追いやられている。

リビアの弱体化は、サハラ砂漠からその南のサヘル地域にかけて不安定化をもたらしたばかりか、欧州に向かう密航者の増加を招いた。そうしたなか、国連の仲介による統一政権の樹立に向けた動きもある。これがリビアの安定化につながるのかは注視すべき点である。

衝撃を受ける既存の国家

ここ数十年で武闘化が進んだイスラム主義は、世界各地で既存の国家を揺るがす要素となっている。ＩＳとアルカイダの動きが目立っているが、数々の集団と個人がさまざまな暴力的行為を繰り広げているところに問題の複雑さがある。イスラム主義は中東のみならず、アフリカやアジア、さらには非イスラム圏の欧米諸国の一部の層にも広がっている。

中東・アフリカ地域ではシリアやイラク、リビア以外にも、アルジェリア、イエメン、エジプト、エチオピア、カメルーン、ケニア、スーダン、ソマリア、チャド、チュニジア、トルコ、ナイジェリア、ニジェール、ブルキナファソ、マリ、レバノンなどが、イスラム主義の展開に関連して、国の一部または全域で治安悪化に直面している。後述するトルコでは、首都アンカラや最大都市イスタンブルでもテロが多発しており、人々の生活や主幹産業の一つである観光業への影響も大きい。

南アジアや東南アジアの国々でも暴力的なイスラム主義は広がりを見せている。西アジアのアフガニスタンは言うまでもない。キルギスやタジキスタン、ウズベキスタンなど、中央アジアの旧ソ連の国々でもＩＳの浸透を防ぎきれていない。中国の新疆《しんきょう》ウイグル自治区では、当局による弾圧とそれに対する一部のイスラム教徒の過激化が伝えられている。

イスラム圏以外の先進国でも、アメリカやスペイン、イギリス、フランス、ベルギーなどで多数の犠牲者を出すテロ事件が発生したのは周知のとおりだ。

先述のオスロ平和研究所のグレディッチの表現を借りれば、「イスラムの家での火事」が起き、世界的に飛び火しているということになる。イスラム法学においては、「イスラムの家（Dar-al-Islam）」は「戦争の家（Dar-al-Harb）」（すなわち非イスラム圏）との対比で語られる。本来であれば平和であるはずの「イスラムの家」で戦争が生じ、「戦争の家」にも影響が及んでいる。イスラム圏のすべてが戦争に見舞われているわけではないが、この見方は傾向として間違っていないだろう。

「イスラムの家」にあって混乱に直面する国では、国家の枠組みが試練にさらされていることが少なくない。国家としての生命力が限界に達している場合もある。

困難を抱えた国のなかでも厳しい局面にある国は「破綻《はたん》国家（failed state）」として語られることがある（「失敗国家」の呼び名もある）。完全に破綻していない場合は、「破綻しつつある国家（failing state）」となる。もっとも、「破綻」といっても人々の生活が停止するわけではなく、伝統的統治が復活している場合もある。「破綻」の度合いも多様である。当然ながら、テロに遭っている国のすべてが「破綻国家」ということではない。ただ、該当する場合には、国家体制の破綻状態に着目することは有益であり、むしろ必要である。

「三〇年戦争」の見立て

では、イスラム圏の一部の国で見られる政情不安はこの先、長期化するのだろうか。

イスラム圏の核をなす中東地域で不安定な状況が長びくと考える論者は少なくない。アメリカ外交問題評議会（雑誌『フォーリン・アフェアーズ』を発行する有力シンクタンク）の会長、リチャード・ハースは「三〇年戦争」という見方を示す。三〇年戦争とは、一七世紀の欧州で繰り広げられた複合的な宗教戦争のことである。三〇年戦争論は一七世紀前半の欧州情勢と二一世紀初頭の中東情勢を重ね合わせる見方である。

安易に比較できない側面もあるけれど、紛争解決に難渋する今の中東情勢を三〇年戦争とする見立てにはうなずけるものがある。一七世紀の宗教戦争は一六四八年にドイツのヴェストファーレン（ウェストファリア）地方で調印された一連の講和条約によって終結する。ウエストファリアの妥結は、待ち望まれた平和と新たな秩序を欧州にもたらした。

三〇年戦争から類推するなら、長きにわたる戦争を経て、新しい秩序が中東において生まれることになる。注視すべきは、アメリカがとるべきとされる姿勢である。ハースは次のように唱える。

「政策担当者は自らの限界を認識しなければならない。当面は、そして予測できる将来において——新しい現地の秩序が現れるか、それとも疲弊が広まり始めるのでなければ——、中東は解決すべき問題というよりは、管理すべき問題となるだろう」（二〇一四年七月二一日付 Project Syndicate）

イラク戦争の開戦国から出たこの発言を不快に思う向きもあるかもしれない。しかし、戦争と外交を通じて中東地域に関与してきた国だからこその諦念の境地なのだろう。ハースの見解はそれゆえ説得的である。この見解が意味するところは、一言で言えば、諦めにも似た実用主義（プラグマティズム）である。こうした認識は、ハースのようないわゆる外交エスタブリッシュメントの論者のみならず、オバマ大統領自身がすでに示していた。

アメリカの諦念

オバマ大統領は二〇一三年九月、シリア情勢に関する演説で「アメリカは世界の警察官ではない」と明言している。オバマによると、「世界中でひどいことが起きているが、すべての悪を正すのは我々の手段を越えている」のである。アメリカの外交政策の転換をあらためて印象付けた言葉だった。

アメリカはさまざまな手を打ってきたにもかかわらず、イスラム圏での政情不安は落ち着く気配がない。アメリカの軍事介入は住民の反感を買い、過激主義者を助長させた。ならばと、死活的な利益がもはや見いだしづらい中東地域にアメリカは積極的に関与しなくなる。破綻状態から立ち直れないアフガニスタンも然りである。空爆（特にドローンを用いたもの）や側面支援（いわゆる「背後からの指導」）はありうるが、大規模な対反乱作戦、いわんや政権転換の戦争は論外となる。二〇一六年の大統領選挙後はともかく、オバマ政権ではこうした姿勢が定着している。『アトランティック』誌が「オバマ・ドクトリン」と呼ぶところの外交方針である。

事実、イスラム圏での混乱にアメリカが軍事的に関与し続けることは財政面でも難しい。ハーバード大学のリンダ・ビルムズの調査結果によると、アメリカがアフガニスタンとイラクにかけた戦費は、武器の調達から退役軍人の年金なども含め、四兆ドルから六兆ドル（円高の時期を加味して一ドル＝一〇〇円で換算すれば四〇〇兆円から六〇〇兆円）に上るという。アメリカが多額の戦費を投じて、遠く離れた二つの前線で消耗戦を戦ってきた一方で、ロシアと中国は政治・経済・軍事の資源を効果的に運用し、アメリカの覇権に挑戦している。ワシントンの誰もが忸怩《じくじ》たる思いだろう。

「アメリカこそが混乱の原因だった」との指摘もある。しかし、アメリカは圧倒的な力とともに、曲がりなりにも国際秩序の維持に貢献してきた。そのアメリカが中東情勢に積極的に介入せず、状況を管理するだけにとどめたら、現地では政情不安が続くことになりかねない。イスラム圏のことはイスラム圏に委ねるとしても、アメリカの消極的な姿勢がもたらす結果には十分に留意しなければならない。

3 脅威に直面する人々

日常の危機――混乱が続くアフガニスタン

混乱に直面するイスラム圏のいくつかの国では、国家自体が内外から揺さぶられ、政情が不安定となり、治安も悪化している。その代償を払っているのが一般の住民である。混乱の結果、多くの犠牲者に加えて、膨大な数の難民と国内避難民が発生している。その余波は近隣諸国のみならず、欧州諸国にも及んでいる。

EUへの非正規移動については次章で詳しく検証するが、シリア、アフガニスタン、イラクの出身者が上位を占めているのが特徴である。むろん難民化の現象はこれらの国にとどまらず、ソマリアやイエメンといったイスラム圏の国でも起きている。ただ、本書ですべてを網羅するのは困難なので、ここではアフガニスタン、イラク、シリアの三つの国に焦点を当てたい。

まずはアフガニスタンである。この国はソ連の侵攻以来、長らく内戦が続いてきた。首都カブールを中心に安定した時期があったが、全体として見れば、一九八〇年代から現在まで慢性的な政情不安に見舞われてきた。

二〇〇一年一〇月のアフガニスタン戦争によってタリバンとアルカイダは主要地域からは駆逐された。同国ではその後、先進諸国の支援で政府軍の立て直しが図られ、ISAFによる治安維持活動や対反乱作戦もおこなわれた。にもかかわらず、残存したタリバンによる攻撃は絶えない。タリバンと政府軍との間の戦闘も市民に被害を与えている。こうした不安定な状況は、ヘルマンド州などの南部のみならず、アフガニスタンの各地に及んでいる。加えて、タリバンから鞍替えする形でISに忠誠を誓う地元の武装組織の存在も確認されており、情勢のさらなる不安定化が懸念される。

国連によると二〇一五年の一般市民の犠牲者は三五四五人、負傷者は七四五七人。原因の六二%は反政府側にあったという。武装勢力による攻撃の特徴は、自爆や乱射、襲撃、車や路肩に仕掛けた爆弾（「即席爆発装置」と呼ばれる）の爆発が目立つことである。二〇一四年末にISAFが撤退して以降、武力攻撃は増加した。

他方で、武装組織を狙ったISAFやアメリカ軍による攻撃も、民間人を巻き込んできた。二〇一五年一〇月には、タリバンの攻勢に遭っていた北部のクンドゥズで、国際NGO、国境なき医師団（MSF）の病院がアメリカ軍機の誤爆を受け、職員を含む四二人が死亡するという痛ましい事件が起きた。

人口流出に見舞われる国

国内強制移動モニタリングセンター（IDMC）によれば、二〇一五年末時点でアフガニスタンの国内避難民は一一七万四〇〇〇人を数えた。駐留していたISAFが撤退した後に紛争が激化したため、二〇一五年だけで三三万人が新たに国内避難民となった。

前述のとおり、アフガニスタンは長年、世界の難民流出国の首位の座を占めていた。二〇一四年にはシリアに抜かれたが、それでも二〇一五年末時点でアフガニスタン難民は二六六万二九五四人に上る。そのうち九五万一一四二人がイランに、一五六万五九二人がパキスタンにそれぞれいる。イランの場合、国内にキャンプを作らなかったため、アフガニスタン難民は市中で一般住民に混じって生活してきた。

状況に変化をもたらしたのが二〇〇一年のアフガニスタン戦争とタリバンの敗退、そして新政権の樹立という一連の出来事だった。これを受けてアフガニスタンに戻ろうとする難民が急増した。UNHCRは日本を含めた拠出国の支援を得てアフガニスタン難民の帰還計画を進めた。

筆者は二〇〇四年に外務省の復興支援の仕事でアフガニスタンを訪れたが、その際、東部のジャララバードから首都につながる道路沿いで元難民のコミュニティに遭遇したことがあった。パキスタンのペシャワールから帰還したものの、故郷に帰れず、道路沿いで仮住まいをしていたと話していた。言わば、国内避難民となった帰還民（returnees）である。復興が進まなければ帰還も進まないという状態だった。

人道援助から平和構築まで、アフガニスタンに対する援助はさまざまにおこなわれてきた。一例だが、二〇一五年の国連の対アフガニスタン人道対応計画（Humanitarian Response Plan）は二億五九〇〇万ドル（一ドル＝一二〇円の換算で三一〇億円）の拠出を得て、三六〇万人に対する各種援助を実施している。

しかし、度重なる政情不安や生活困難とあいまって、アフガニスタン国内での、また国外への人の移動はやむことがない。難民や国内避難民という形での移動だけではなく、移民労働や人身売買といった形も含めてのことである。「強制」とされる移動についても、原因は武力紛争から震災や洪水などの自然災害まで、多岐にわたる。

こうした人々の移動状況を考える際、「モビリティ（mobility）」の概念が有益である。「移動（可能）性」「移動性向」などの訳が当てられる。「移動力」と言っても良い。モビリティは性別や年齢のみならず、健康、気力、財力（または借金をする能力）、社会的ネットワーク、居住地や仕事への拘束性、家族構成など、多様な要因に影響される。元々、アフガニスタン人は出稼ぎに行くことが多かったが、戦争による国土の荒廃や生計手段の乏しさ、先駆者の成功例や各種ネットワークの存在が、人々のモビリティを高めている。

近年では欧州に向かう動きが顕著である。EUに流入した非正規移動者の一五％はアフガニスタン人だったとの報告もある。シリア人の陰に隠れた感もあるが、アフガニスタン人の移動の流れは彼らの強靱《きょうじん》さを示すかのように脈打っている。ただ、国家再建を目指すアフガニスタン政府にとって人口流出は悩ましい問題である。人材流出を危惧する政府はSNSを通じ、国を見捨てず、国家再建に尽力するよう、国民の愛国心に訴えかけるキャンペーンを展開している。

不安定なイラク

政情不安が続くイラクでも一般市民が戦闘に巻き込まれる事態が続いている。イギリスを拠点とする「イラク・ボディカウント（IBC）」は文字どおり死者を数えるプロジェクトである。ＩＢＣは、イラク戦争以降の同国での文民の犠牲者は一五万九七四〇人から一七万八四七九人と推定している（二〇一六年六月時点）。国連イラク支援ミッションの統計によると、二〇一五年だけでも犠牲者は七五一五人、負傷者は一万四八五五人に上る。

イラク戦争以降、国際社会の支援を受けて樹立された中央政府と、これに対抗する武装組織との戦闘は激化した。この戦いは宗派対立の性質を帯びるとともに、都市型のゲリラ戦を各地で招いた。アメリカ軍による武装勢力に対する攻撃は、必然的に住民への付随的被害をともなった。そこに来てＩＳが台頭し、支配下の地域（ニナワ県、サラーハッディーン県、アンバール県などの一部）の住民が犠牲となった。

たしかに、かつてのフセイン政権下でも大規模な人権侵害は起きていた。一九八八年にクルド系の住民を毒ガスで殺害したアンファル作戦は凄惨を極めた。ヒューマン・ライツ・ウォッチによると犠牲者は五万人から一〇万人の規模だという。

しかし、二〇〇三年のイラク戦争での空爆、特に旧体制が崩壊した後に生まれた混乱状態は、多くの住民に被害を与えた。二〇〇四年、アメリカ軍はファルージャにおいてスンナ派の武装組織に向けて対反乱作戦をおこなった。ユーフラテス川沿いにあるファルージャはスンナ派が多く住む都市である。ＩＢＣによると二〇〇三年から二〇〇五年にかけてのファルージャの犠牲者は一八七四人に上る。ＩＢＣはこの時期にイラク全土で記録された犠牲者二万四八六五人のうち、三七%はアメリカを中心とした有志連合の攻撃によるものだとしている(犯罪組織による殺害は三六%を占める)。

やむことのない難民化の現象

二〇一五年末時点で国外にいるイラク難民は二六万一一〇七人、加えてイラク人の難民申請者は二三万七一六六人である(いずれもUNHCRによる)。イラク難民を最も多く受け入れているのがドイツで、五万一三九六人となっている(次位はヨルダンの三万三二五六人)。

ただ、イラクの国内避難民の数は難民の数をはるかに上回っている。IDMCによると、二〇一五年末時点での国内避難民は三三九万人。二〇一四年以降にISの支配地域から逃れた人々が国内避難民の数を急増させた(二〇一五年だけで一一万人の国内避難民が発生した)。国際移住機関(IOM)によると、ほぼすべての県に国内避難民が居住している。最多のアンバール県は九万六三六八世帯に上る(ただし、南部のムサンナー県は最も少なく九〇二世帯)。

イラクの国内避難民の状況をここで詳細に説明することはできないが、国内避難民が発生した時代背景は大まかには、①サダム・フセイン政権時代、②二〇〇三年のイラク戦争後の混乱、③二〇一四年のISの台頭以降、の三つの段階に分けられる。また、イラク国内はいくつかの勢力範囲に分断されており、移動は容易ではない。北東部のクルディスタン地方政府の支配地域では、イラク人であっても入域には一定の制限がある。バグダッドの中央政府が支配している地域でも、スンナ派の国内避難民が入域を断られることがある。

二〇一五年の国連の対イラク人道対応計画は五億二三四〇万ドル（一ドル＝一二〇円の換算で六二八億円）の拠出を得ておこなわれている。ちなみに、日本が拠出した六三五四万ドル（同、七六億円）は同計画の枠内で二五のプロジェクトに充てられた。

国外に逃れる者も少なくないが、国内避難民に比べれば規模は小さい。というのも、隣国シリアの情勢が二〇一一年から悪化したため、従来の避難先であったシリアに逃れるのが難しくなっている。またはトルコに移動しようにも、ISの支配地域やクルディスタン地方政府を越えなければならず、陸での越境は容易ではない（ただし、事例は皆無ではない）。イラクから国外に移動する場合、イラク各地の空港から飛行機でトルコに渡る事例が圧倒的に多い。

二〇〇〇年代にはイラク人が現在よりも大きな規模で国外に避難したことがある。例えば、二〇〇六年の宗派対立では二二七万九〇〇〇人のイラク難民が発生している。そのうち半数以上がシリアに逃れた。この避難は一時的なものだった。二〇一一年にはシリアでのイラク難民の数は一二万人程度にまで減った（二〇一五年末の数は、シリア政府の推定では一万八二五三人）。

先進諸国に向かうイラク人の動きはさらなる人口移動を招いている。欧米諸国での先駆者の事例はSNSで広まり、政情不安や生活困難を経験しているイラクの人々は出国を考えるようになる。イラクからの人口流出が「国家的懸念」にまでなったとの報道もある。

危機の最中のシリア

イギリスを拠点とするNGO、シリア人権監視団によると、二〇一一年から内戦が続くシリアでは、二〇一六年二月までの犠牲者は二七万人を超えた。戦争がもたらした人的犠牲はあまりにも大きい。

戦闘行為に着目すれば、アフガニスタンやイラクでも見られる自爆テロなどの手法もあれば、シリア内戦で特徴的な手法もある。首都ダマスカスを拠点とするアサド政権は、政府軍ということもあり、飛行機や攻撃性の高い兵器を保有する。これらを使い、武装集団とその拠点のある文民地区に攻撃をおこなってきた。毒ガスの使用も度々疑われた。政府軍の攻撃では焼《しょう》夷《い》弾や樽《たる》爆弾の投下が目立っている。樽爆弾は、樽のような鉄製の円筒を利用し、爆薬のなかに金属片を埋め込んだ、殺傷能力の高い兵器である。シリア内戦では樽爆弾による民間人への被害が著しい。

反政府の武装勢力の側では、使用する武器は迫撃砲（ガスボンベを用いたものもある）や、荷台に機関銃を設置したピックアップ・トラック（日本製が多い）など、初歩的なものにとどまる。初歩的といえども、移動式の迫撃砲による無差別攻撃や、機動力を得た戦闘員による銃撃は、各地で多くの犠牲者を生んでいる。非人道的な行為も目立つ。「イスラム軍（Jaysh al-Islam）」という武装集団は、ピックアップ・トラックの荷台に置かれた檻《おり》のなかにシーア派の住民を閉じ込め、市中で見世物にしている。

なかでもＩＳの行動は群を抜いて非人間的である。ＩＳが相手側の戦闘員や外国人の人質を捕獲し、首を切るのは見慣れた光景となった。支配地域（ラッカ県、デリゾール県、ホムス県、アレッポ県など）の住民に対する略式処刑も後を絶たない。医療サービスの欠如や遺体の放置による感染症の蔓延《まんえん》も伝えられる。子どもを強制的に徴用し、戦闘行為や拷問《ごうもん》をさせたり、同性愛者をビルから突き落としたりと、ＩＳの常軌を逸した行為は広く知られる。なお、ＩＳによって占領されたイラクの地域でもほぼ同様の行為がおこなわれている。イラク北部で拘束したヤジディ教徒の女性をイラクやシリアで奴隷として扱っている事実もこの組織の残虐性を示すものだ。

国民の半数が難民化する事態

ＩＤＭＣによればシリアには六六〇万人（二〇一五年末時点）の国内避難民がいるが、援助関係者がアクセスすることは難しく、状況も流動的なので、実数を把握するのは困難である。二〇一五年末時点でダマスカス首都圏とダマスカス郊外県、アレッポ県に多くの国内避難民が集まっている。国内避難民や動けない人も含め、国連によると、シリア全土で一三五二万人（二〇一六年六月時点）が何らかの援助を必要としている。なお、ISが拠点とするラッカ市から逃れた住民もいる一方で、監視が厳しいため逃れるのは難しいと言われる。

シリアは、現在、世界最大の難民発生国となっている。二〇一五年末時点で諸外国で登録されたシリア難民は四八五万七九二人（UNHCRによる）。国内避難民の概数は六六〇万人だから、およそ一一四五万人が国の内外で難民化している状態である。かつてのシリアの人口が二〇四一万人（二〇一〇年時点、国連による）だったので、国民の半数以上の規模である。

国連は、国内避難民を含め、シリア国内で援助を必要とする人に対して人道対応計画を立ち上げている。二〇一五年末時点で必要とされる活動予算は三一億八〇〇〇万ドル（一ドル＝一二〇円の換算で三八一六億円）だが、充当率は二三％（二〇一六年五月時点）にとどまる。国連機関は同計画の枠内でさまざまな人道援助をおこなっている。一例を挙げれば、二〇一五年には六〇〇万人に食糧支援（現物支給または現金・バウチャー）を届け、八一〇万人以上に飲料水を供給したという。

シリア難民の在留先の内訳は、規模の大きい順からトルコ二五〇万三五四九人、レバノン一〇六万二六九〇人、ヨルダン六二万八二二三人、イラク二四万四六四二人、エジプト一一万七六三五人（いずれも二〇一五年末時点、UNHCRによる）。欧州にも多くおり、ドイツが最多の一一万五六〇四人、次いでスウェーデンの五万二七〇七人（同上）などとなっている。他方で、同じアラブ諸国でも、アラビア半島の産油国はシリア難民を積極的に受け入れる姿勢を示してはいない。この点については、近隣諸国での受け入れ状況と併せて後ほど見ていきたい。

難民認定を申請しない、あるいは難民認定をされない場合を含めて、シリア人は世界各地に散在している。日本も例外ではなく、法務省によれば、日本では二〇一五年六月時点で計四二九人（すべての在留資格を含む）のシリア人が在留している。

4　流入に直面する国々

シリア難民が流れる国々

シリア情勢の悪化は多くの難民を流出させる結果となり、トルコ、ヨルダン、レバノン、エジプト、イラクといった近隣諸国が負担を引き受けることになった。例えば、人口比で言えば、レバノンの人口一〇〇〇人当たりの難民数は一八三人（パレスチナ難民を除く）であり、これは世界最多の比率である（次位はヨルダンで八七人）。レバノンは人口の五分の一近くがシリア難民によって占められるという非常事態にある。

シリアの国内向けの人道対応計画はすでにふれたが、シリア難民に関しては、国連機関が中心となって「シリア周辺地域における難民・回復計画（３ＲＰ）」を策定し、周辺諸国で支援を展開している。「３ＲＰ」は周辺地域（Regional）を対象に、難民（Refugee）とならんで受け入れ国の回復（Resilience）を支援するものである。

二〇一六年に必要とされる予算は五七億七九〇〇万ドル（一ドル＝一二〇円の換算で六九三四億円）だが、充足率は三五％（二〇一六年五月時点）にとどまる。二〇一六年五月時点で、拠出国は上位からアメリカ、ＥＵ、ドイツ、カナダ、日本となっている（日本のシリア難民に対する財政支援については第４章で詳しく検証する）。団体・企業を含めた多様なドナーからの拠出を得て、難民や受け入れ先のコミュニティに対する支援がおこなわれている。３ＲＰは難民の生活維持のみならず、受け入れ先の負担軽減にもつながる重要な支援手段である。

詳細を見る前に全体像にふれておくなら、直接ＥＵに向かう者を除けば、シリア難民はまずは近隣諸国に移動し、そのなかの一部がＥＵに向かっている。ここでは取り上げないが、エジプトもシリア難民にとっては目的地であり、ＥＵへの経由地である。こうした全体像を俯瞰するときは、「人口移動の流れ（migration stream）」という観点が有益である。

ここからはトルコとヨルダン、そしてリビアを対象に話を進めたい。トルコとヨルダンに関してはシリア難民を中心に状況を見ていくが、リビアについては主にアフリカからの移動者の流入に着目する。

最大の受け入れ国、トルコ

現在、トルコはシリア難民の最大の受け入れ国となっている。かつてはドイツなどの欧州諸国に労働者を送り出す側の国だったが、現在は移動者の目的地、そしてEUへの経由地の様相を呈している。人口移動の一大集約地である。

二〇一五年末時点でトルコにいるシリア難民は二五〇万三五四九人、イラク難民は二万四一三五人、アフガニスタン難民は三八四六人となっている（いずれもUNHCRによる）。欧州から見れば、トルコは欧州大陸の手前で難民や移民を吸収する「バファー・ゾーン」（緩衝地域）の役割を果たしている。

かつてトルコはシリアのアサド政権とは比較的良好な関係にあったが、シリア内戦が始まってからは対立関係にある。シリア情勢へのトルコの関与や、シリア難民のトルコへの流入もあって、トルコとシリアの人々は相互に複雑な感情を抱いている。あくまで一例だが、ボドルムで筆者が話を聞いたトルコ人の若者はシリア難民のことを嫌っていた。特に大学における難民への優遇措置に不満を感じているようだった。

制度面にふれるなら、シリア難民は条約難民としてではなく、「一時的保護（temporary protection）」の制度の下に保護を受けている。トルコは難民条約の加入国だが、加入の際、欧州以外の難民には条約を適用しないという留保を付した経緯がある。

とはいえ、七七七〇万人の人口（二〇一五年時点）に対して、数年の間に二五〇万人の規模のシリア難民が流入したのである。しかも決して豊かではない地域に多数の難民が来るなど、難民の流入はトルコに試練を与えている。例えば、シリアとの国境沿いにあるキリス県では難民の人口が地元住民の人口を上回っており、地元自治体への影響は大きい。

シリア難民の一二％が国境付近にあるキャンプや避難所に暮らす一方で、その他の難民は市中で暮らしている。それゆえ既存のインフラや地元住民への負荷は大きな問題となる。むろん負担になっているだけではなく、シリア難民がトルコにおいて企業や商店、カフェを開くといった事例は数多く、一定の投資も地元社会にもたらされている。フェニキア商人の末《まつ》裔《えい》の面目躍如といったところだろう。

ただ、トルコはシリアの反体制派の活動拠点となってきた。その流れのなかでシリア難民と反体制派との接点が生まれたとの指摘もある。難民のなかから戦闘員をリクルート（徴募）するような事例も報告されており、安全保障上の懸念も生じている。

地元社会への影響は他の受け入れ国でも起きている現象だが、労働市場での地元住民との競合に加えて、家賃の上昇、行政サービスの逼迫《ひっぱく》といった問題が発生している。雇用については、これまでごく少数の例外を除いてシリア難民には労働許可が与えられず、難民たちは日雇いなどの非正規の仕事に就くしかなかった。しかし、報道によると、二〇一六年一月には一定の条件付きながら労働許可が与えられることになった。この措置によって難民が欧州へ渡る機運も減るなら、EU諸国にとっては歓迎すべき動きだろう。

苦境にあるヨルダン

経済的に決して豊かな国ではないが、ヨルダンはこれまでにもパレスチナ難民（UNRWAに登録された数は二一一万人）やイラク難民（政府は四〇万人としている）など、大勢の難民を受け入れてきた経緯がある。それに加えて六二万八二二三人（二〇一五年末時点、UNHCRによる）のシリア難民を受け入れている。

この国の人口（六七三万人、二〇一五年時点）に対してシリア難民の占める割合は大きい。地政学的に脆弱な状況に置かれたヨルダンにとっては、難民の流入は国内政治にも影響を及ぼしかねない要素である。シリアとイラクでの過激派組織の台頭がヨルダンにとって脅威となるなか、難しい舵取りを迫られている。

シリア難民の大半はキャンプ以外の市中に居住する。キャンプに暮らす難民は、ザータリ（約八万人）やアズラック（約五万人）などに集住している。

トルコとはやや事情が異なり、ヨルダンからEUに向かう人口移動の流れはそれほど多くはない。ただ、報道によると、ヨルダンに居住するシリア難民の半数が欧州への渡航を希望しているとのことだから、地理的な条件がEUへの渡航を困難にしているだけなのかもしれない。

ヨルダン政府はシリア難民に対して労働許可を出していない（難民世帯の一%しか労働許可証をもっていないという調査結果もある）。そのため、不安定な雇用形態でヨルダン人が引き受けないような業種に就いていることも多い。雇用問題には複雑な側面がある。ヨルダンの失業率は二〇%に上る。政府がシリア難民に雇用を創出するとしても、その前に自国民に雇用を創出しなければならないが、それも容易ではない。シリア難民が日雇い的な仕事に就いていたとしても、ヨルダンの労働市場では競合相手と認識される傾向があるという。

アフリカと欧州を結ぶリビア

第3章でも説明するが、イタリアとギリシャを目の前にしたリビアは欧州への出航地として機能してきた。とりわけ二〇一六年三月以降、トルコとギリシャ間のルートを渡ることが難しくなり、「中央地中海ルート」と呼ばれるリビア・ルートがあらためて重要性を帯びた。土地柄から、このルートではシリア人は少なく、むしろアフリカ諸国からの非正規移動者が多い（二〇一五年、このルートの最大の利用者はエリトリア人だった）。シリア難民からは話が逸れるが、EUの対応における要所なので、少し説明をしておきたい。

リビアは混乱が始まる二〇一一年以前からも人口移動の集約地であり、欧州への出航地だった。旧カダフィ政権がとった開放政策も人の往来に拍車をかけた。

元来、この国で国境を管理することは難しい。中央政府があったとしても、一七〇〇キロメートルに及ぶ海岸線と一七六万平方キロメートル（日本の四・六倍）の領域を管理するには相当の行政資源が必要となる。二〇一一年以降にリビアに勃興した諸勢力にとっても、支配地域を管理するのは容易ではない。

そもそも現在、リビアの「国境」を語れない現実がある。アルジェリア南部を拠点とする「イスラム・マグレブ諸国のアルカイダ」の勢力拡大や、周辺諸国の統治能力の低下ともあいまって、リビアに限らず、この地域では国境の概念が崩れかけている。秩序が崩れた状況では、人々の移動が「正規」か「非正規」かを問うのも意味が薄い。

歴史的に見れば、サハラ砂漠からサヘル地域にかけての一帯では、物や人が絶えず交差してきた。その営みは今も続いている。曖昧になったリビア南部の国境をまたぐ形で、人の移動のみならず、今や武器を含めた物品の交易が盛んである。筆者もカダフィ政権時代にリビアの砂漠地帯を訪れたことがある。一般的には砂丘をイメージするが、実際には「土漠」が多いので、未舗装であっても車での移動は難しくない。

そのリビアを中心として、網のように広がる移動ルートがこの地域一帯に存在する。リビアには、隣国のニジェールやチャド、スーダンの人々に加え、これらの国々やアルジェリア南部、またはエジプトを経由する形で、さらに遠方にあるマリやナイジェリア、南スーダン、エリトリア、ソマリア、エチオピアなどの人々も流れ込んでいる。リビアにたどり着く過程では、密航業者のほかにも、伝統的な氏族（リビア南部から越境して広がるトゥブやトゥアレグなど）が移動の便宜を図っている。

ちなみに、「密航業者（smugglers）」と記したが、密航（smuggling）の概念には海上に加えて陸上の運輸も含まれる。これについては第3章で詳しく論じたい。

二〇一〇年の時点で、リビアにいた非正規移動者の数は一〇〇万人から二〇〇万人と見積もられていた（全人口は六四六万人）。混乱状態にある現在、数の把握はなおのこと困難である。リビアでの生活は容易ではなく、非正規移動者の多くが就く日雇い労働でも競争は厳しいと言われる。

EUはすでにリビアの国境管理部局に対して技術協力をおこなっているが、抑止効果は限定的である。密航者のなかにＩＳの戦闘員が混入する危険性も指摘されている。ＥＵとして密航者の到来を妨げることができず、しかも出航地で有効な対策が打てないとなると、手詰まり感は否めない。

難民受け入れの限界

シリア難民に対する近隣諸国の姿勢は、批判的にも好意的にも見ることができる。労働許可が下りないことや、基礎的な生活条件が提供されていないことは批判の材料となる。その一方で、それぞれに厳しい経済状況にありながらも、これらの国々は多くの難民にひとまず居場所を与えたと評価することもできる。

元来、イスラム世界には、自由喜捨（サダカ）や、アラビア的な概念である連帯意識（アサビーヤ）など、人道行動を促す理念や義務が存在する。預言者ムハンマドも、メッカでの難を逃れてメディナに移り住み（これを「聖遷〔ヒジュラ〕」という）、その後、メッカに凱旋した経緯がある。聖遷の年がイスラム暦（ヒジュラ暦）の始まりとなっているように、イスラムと庇護には強い結び付きがある。各国は自国民と天秤《てんびん》にかけながらも、難民に対して宗教的な伝統を最大限に実現しようとしているのかもしれない。

しかし、近隣諸国の指導者の発言は、状況が限界に達していることをうかがわせる。トルコのレジェップ・タイイップ・エルドアン大統領は二〇一六年二月、首都アンカラでの会合で、「国際的責任をトルコだけに押しつけるのは偽善」だとして、「国連よ、お前は何をしてきたというのだ」と国連を批判した（二〇一六年二月一二日付『朝日新聞』）。ヨルダンのアブドゥラ国王は「沸点に達した」との表現で、難民の受け入れが限界にきたことを述べている。二〇一六年二月にロンドンで開かれたシリア難民支援に関するドナー会合に合わせて、国王は自国の窮状を訴えていた。

シリア国内での戦闘から逃れてトルコに向かったシリアの国内避難民が、トルコ国境の手前でトルコから入国を拒まれる事態が起きている。ヨルダン国境の手前でもシリア人が足止めに遭った。この対応には批判もあるが、トルコとヨルダンにしてみれば、これ以上の難民の流入は抑えたいところだろう。

トルコ国境を前に足止めされるシリアの避難民たち
(2016年1月、ロイター／アフロ)

注目したいのは、トルコは難民の入国を拒否した一方で、シリア国内に国内避難民のためのキャンプを設営していることである。二〇一六年二月の報道によると、シリア国内でトルコが運営する九つのキャンプに一〇万人のシリア人が居住し、トルコの人道援助団体から援助を受けている。シリア国家が形骸《けいがい》化《か》したなかで、なし崩し的に設けられた国内避難民向けのキャンプである。国際法的に言えばシリアの国家主権の侵害となる。本来は国連安保理が承認する形で「安全地帯（safe haven）」が設置されるのが望ましいのだろうが、そのような展開にはならなかった。

ＵＮＨＣＲやＥＵはトルコに対してシリア人に国境を開放するよう要請した。トルコに注文をつけるのは西洋の伝統芸だが、要請に対してトルコ政府高官は「人道についてトルコは誰からも教訓を受けるいわれはない」と述べている（二〇一六年二月一三日付ＡＦＰ）。

受け入れに慎重な国々

最後に、シリア難民の受け入れに慎重な近隣の国々にふれておきたい。

先に述べたが、サウジアラビア、クウェート、アラブ首長国連邦、カタール、バーレーン、オマーンといった湾岸産油国は積極的な受け入れ姿勢を示していない。ユダヤ難民の苦難の歴史を知るイスラエルも、シリア難民の受け入れを表明してはいない。

ちなみに、アル・ジャジーラは欧州諸国やイスラエルの難民政策を批判的に報じるものの、このメディア組織を経営するカタール政府はシリア難民を受け入れてはいない。だが、その姿勢がアル・ジャジーラによって批判されることはない。

湾岸諸国は難民の受け入れには慎重だが、シリア難民への国際的な人道支援に対する財政拠出はおこなっている。個人や企業による支援の輪もある。難民としてではないが、シリア人はサウジアラビアには五〇万人、クウェートには一二万人、アラブ首長国連邦には二四万人がそれぞれ居住していると伝えられる。シリア人に対しては、母国の状況を踏まえて在留資格が延長されたり、医療や教育へのアクセスが特別に与えられたりしているという。

ただ、これらの国々からシリアの反政府勢力に資金が流れてきた一方で、「シリア難民はゼロ」という数字が表れる格好となり、人権NGOや欧米メディアの批判の的となった。

湾岸諸国の対応の背景を考えてみたい。これらの国々はアジアなどからの出稼ぎ者を労働力として活用している（カタールやバーレーンは自国民を上回る数の外国人を受け入れている）。期間限定で、社会的権利が制限された条件付きの移住労働者である。

そうしたなかで、同じアラブ人であるシリア人が大量に長期間定住するとなると、国内の人口構造や政治空間に影響を与える可能性がある。仮にシリア人を難民として受け入れた場合、同じく政情不安に見舞われるパキスタンやイエメンからの労働者を難民として扱うべきかという問題も生じる。ならば、シリア人は難民として受け入れず、制約のある資格で臨機応変に在留を認めたほうが合理的となる。湾岸産油国の政治体制は必ずしも盤石《ばんじゃく》ではない。

これらの国々はそれなりの事情があって慎重な判断をとったのだろう。

押し出す国々、引き寄せる国々

イスラム圏の動揺は、既存の国家体制ばかりか、人々の平穏な日常にも異変をもたらした。国家の破綻はそう簡単に修繕できるものではない。イスラム主義の熱波が冷め、安定した秩序が生まれるにはまだ時間がかかると思われる。

そうしたなか、人々は故郷を棄て、国内の安全な場所や近隣諸国に移り住む。しかし、本国の情勢が落ち着く見込みは低く、近隣諸国での生活も容易ではない。真っ当な生計手段が見つからない状況にあって、彼らは仮の住処を離れ、魅力的に映る欧州諸国に移ろうとする。

中東や北アフリカの集約地にとどまるパターンもあるから一般化は難しいが、本国から人々が押し出され、最終的に欧州に引き寄せられる流れは確実にある。人口移動の理論では「押し出し要因（push factor）」「引き寄せ要因（pull factor）」で説明されることがある。磁石の斥力《せきりょく》と引力にも似た力である。地中海の周辺ではその両方が混在する。

EUに移動する過程では、難民たちは難民性を残しつつも、移民という側面を強くする。その流れには難民性の低い人々も多く加わる。モビリティを増したこれらの移動者には、逆境に負けない強靭さ、転んでも起き上がろうとするたくましさが見てとれる。

けれども、その勢いと圧倒的な数ゆえに、到達先の国々のみならずEUの諸制度も多くの課題に直面することになる。次章ではこの問題に苦悩するEUの現状を見ていきたい。

第3章　苦悩するＥＵ

1　欧州を目指す人々

一〇〇万人規模の大移動

二〇一五年、ＥＵはかつてない人の大移動に遭遇した。ＩＯＭによると、同年一二月、この年にＥＵに流入した非正規移動者は一〇〇万人を超えた。

ＥＵの「対外境界線（external borders）」は国で言うなら「国境」に相当する。二〇一五年、ＥＵの対外境界線の不法入域件数は一八二万二三三七件に上った。欧州対外国境管理協力機関（ＦＲＯＮＴＥＸ、本部はワルシャワ）が発表した数だ。記録された数は部分的に重複するので、延べ件数ということになるが、圧倒的な規模の流入だったことが理解できる。

非正規の移動ではあるが、「難民である」としてEUに入域した者は難民申請をおこなうことになる。EUでの難民申請者数も大きな規模となった。二〇一五年、新規の難民申請は一二五万五六八五件を記録した。二〇一四年には五六万二六八〇件だったから、大幅な増加である。不認定となった者があらためて審査を求める再審の申請を含めた場合、二〇一五年の申請件数は一三二万一六〇〇件に上る（表3－1）。

すでに見たように、二〇一〇年以降、世界の難民の数は急増しており、それがEUへの非正規移動者の流入に反映された形となっている。しかし、後述するが、EUに流入したのは一般的に想像するような難民だけではない。

迎え受けるEUの人口は五億八二〇〇万人（二〇一五年時点）。「人口五億人を数えるEUだから、吸収できなくはない」と語る向きもあるが、異なる宗教や民族を背景とした大勢の人たちが一気に押し寄せるのだから、EU諸国にとっては深刻な問題である。

ポスト冷戦期に欧州は難民の大量流入を経験している。一九九〇年代の初頭、ユーゴスラヴィアの解体にともなって武力紛争が発生した。クロアチア、セルビア、そしてボスニア・ヘルツェゴヴィナにおいて多数の住民が難民化し、そのうちの多くが欧州諸国に逃れていった。その数は六〇万人から八〇万人とも言われる。

冷戦後の混乱、さらに時代を遡れば、二度の世界大戦の混乱を受けて、欧州諸国が人の大

表3-1　EUにおける難民申請者の数（再審申請を含む）

	2008年	2011年	2012年	2013年	2014年	2015年
EU 28カ国	225,150	309,040	335,290	431,090	626,960	1,321,600
ベルギー	15,165	31,910	28,075	21,030	22,710	44,660
ブルガリア	745	890	1,385	7,145	11,080	20,365
チェコ共和国	1,645	750	740	695	1,145	1,515
デンマーク	2,350	3,945	6,045	7,170	14,680	20,935
ドイツ	26,845	53,235	77,485	126,705	202,645	476,510
エストニア	15	65	75	95	155	230
アイルランド	3,855	1,290	955	945	1,450	3,275
ギリシャ	19,885	9,310	9,575	8,225	9,430	13,205
スペイン	4,515	3,420	2,565	4,485	5,615	14,780
フランス	41,840	57,330	61,440	66,265	64,310	75,750
クロアチア	N/A	N/A	N/A	1,075	450	210
イタリア	30,140	40,315	17,335	26,620	64,625	84,085
キプロス	3,920	1,770	1,635	1,255	1,745	2,265
ラトヴィア	55	340	205	195	375	330
リトアニア	520	525	645	400	440	315
ルクセンブルク	455	2,150	2,050	1,070	1,150	2,505
ハンガリー	3,175	1,690	2,155	18,895	42,775	177,135
マルタ	2,605	1,890	2,080	2,245	1,350	1,845
オランダ	15,250	14,590	13,095	13,060	24,495	44,970
オーストリア	12,715	14,420	17,415	17,500	28,035	88,160
ポーランド	8,515	6,885	10,750	15,240	8,020	12,190
ポルトガル	160	275	295	500	440	895
ルーマニア	1,175	1,720	2,510	1,495	1,545	1,260
スロヴェニア	255	355	295	270	385	275
スロヴァキア	895	490	730	440	330	330
フィンランド	3,670	2,915	3,095	3,210	3,620	32,345
スウェーデン	24,785	29,650	43,855	54,270	81,180	162,450
イギリス	N/A	26,915	28,800	30,585	32,785	38,800

注：Eurostatの資料（Asylum and first time asylum applicants by citizenship, age and sex. Annual aggregated data〔rounded〕）を基に作成。国の順番は元の資料のとおり。2009年および2010年は紙幅の関係上、割愛した。新規申請のみの統計は存在するが、欠損値が多いので、再申請を含む統計を掲載した。資料の数値は5単位で端数処理が施されている。

量移動に直面したことはあった。だが、短期間にこれだけの規模で欧州の外から、欧州以外の文化を背景とする人々が流入する事態は近現代史において類を見ない。中東やアフリカの混乱とグローバル化の現象がもたらした未曽有《みぞう》の出来事と言えよう。

人々を惹きつけるEU

では、何が大勢の非正規移動者をEUに惹《ひ》きつけるのか。第2章で見たように、暴力が絶えない状況では、母国であっても住み続けたいとは思わない。紛争がないような途上国でも生活困難からは誰もが逃れたい。都市圏や近隣諸国に移り住んだとしても、貧困は続くかもしれない。ならば、より良い土地へということになる。こうした押し出し要因に加えて、EU側にも人々を引き寄せる要因がある。次のものが挙げられる。

①地理的に近接していること
②歴史的な接点があること
③同胞の先駆者によるネットワークがあること
④言語に比較的馴染みがあること
⑤非合法的なルートを含め、交通網が用意されていること
⑥経済・社会的な展望がもてること

⑦海難救助を含め、難民に対して人道的な姿勢が示されていること（ただし、海難救助や人道主義を擁護する側からは、これらは引き寄せ要因ではないと主張される）

ＥＵが格好の移動先となったのは、こうした要因が重なってのことである。

地理的条件に関しては、北米という選択肢は非正規移動の場合は除外される。小型・中型船で大西洋を横断するのは難しい。飛行機や大型旅客船を使う正規のルートは出入国管理が厳格である。したがって、非正規の移動となると近距離にある欧州が消去法で選ばれる。欧州は地理の呪縛から逃れることはできない。

歴史的に見ても、欧州と中東・アフリカとの結び付きは深い。フランスやイギリスを訪れると旧植民地からの移住者をどこでも目にする。帝国主義はその時代が終わってからも人口移動を促すのである。ただ、シリアがフランスの委任統治領（一九二〇〜一九四六年）だったという事実はあるが、シリアの人々が目指したのは必ずしもフランスではなかった。

引き寄せ要因として、先んじて現地にいる同胞のネットワークも挙げられる。家族や知人を呼び寄せたりする場合もあれば、同胞にＳＮＳで詳細な情報を提供したりする場合もある。今やスマートフォンは一般的だから、非正規移動者が使うことは驚きではない。

言語という点では、例えば、フランス語圏のアフリカ諸国からフランスに移動する人々の場合、その壁はきわめて低い。ドイツ語は欧州以外では馴染みが薄いが、だからといって移動の阻害要因にはならない。文字の学習から始めなければならないアジアの言語よりはましだろう。

交通網と人道的な姿勢については後でふれるとして、これらの要素に加えて、EU諸国に経済・社会的な展望を見いだせることは大きな引き寄せ要因であると言える。一人当たり国内総生産（GDP）を見れば、デンマークは六万一二九四ドル、ドイツは四万七九六六ドルであるのに対して、アフガニスタンは六六八ドル（いずれも二〇一四年時点。ちなみに日本は三万六二九八ドル）。経済格差は歴然としている。仮に読者がアフガニスタン人の若者で、気力と体力があったら、どう行動するだろうか。

動く人々、動けない人々

EUを目指す非正規移動者の構成を見ておきたい。

FRONTEXの資料によると、二〇一五年の国籍別のEUへの不法入域では、シリア人による事例が圧倒的に多い。全体の三三％を占めている。続いて特定されなかった事例（三一％）を挟んで、アフガニスタン人が一五％、イラク人が六％、パキスタン人が二％などとなっている。

ただし、国籍の割合はルートによって異なる。EUへのルートの詳細は後で見るが、地中海の東側にあるトルコ・ギリシャ間のルートではシリア人、アフガニスタン人、イラク人の順で、中央地中海ルートではエリトリア人、ナイジェリア人、ソマリア人の順となる。地中海の西側のモロッコ・スペイン間のルートではギニア人が最も多く、次いでアルジェリア人とモロッコ人が上位を占める。

非正規移動者には男性が多いこともしばしば指摘される点である。事実、リビアの砂漠を渡るピックアップ・トラックや地中海を渡るボートの写真には見事に若い男性だけというものもある。むろん非正規移動の流れで女性が皆無ということはない。バルカン・ルートは家族で移動する事例も多い。筆者がギリシャで見た限りでも、家族と一緒にいるアフガニスタン人の女性は多くいた。

第2章でもふれた「モビリティ」に再び言及すれば、EUへの非正規移動ではモビリティの高い人が率先して移動している。地中海ルートにおける若い男性はその典型である。女性は潜在的なモビリティがあったとしても、非正規移動においては諸条件に左右されると考えられる。男性でも年老いた者となると、モビリティは低くなる傾向にある。障がいをもつ者もそうである。高齢者や障がい者が近隣の町に逃れることがあったとしても、長距離の非正規移動となると適応能力のある者に絞られていく。

移動行為によって可視化された人々に関心が集まる一方で、難民をめぐる議論ではモビリティの低い人々の存在が見捨てられてしまいがちである。欧州への非正規移動者は、世界で起きている人道危機の被害者の縮図では決してない。

「混合移動」という問題

この問題を見るもう一つの視点が「混合移動(mixed migration)」である。移動者の国籍や社会階層は多様である。高等教育を受けたシリア人からアフガニスタンの少年、紛争のないアルバニアやセルビア、遠くはベトナムからの移動者まで、さまざまな背景をもった人たちがEUに押し寄せている。混乱に陥った国からだけでなく、比較的情勢が落ち着いた国からも欧州を目指す人の動きが絶えない。

そこで生まれるのが「難民」と「移民」が混合した移動現象である。難民性の高い者に混じって稼働目的で移動する者も少なくない。また、トルコで迫害を受けているわけでもないのにこの国を離れ、EUに渡るシリアの人々がいる。その人たちはEUに渡る時点で「移民性」を強くする。つまり、同一人物で難民性と移民性を併せもつ。

ただ、多種多様な背景の人間が混在していることは、流入と向き合う側の対応を難しくしている。移動者には純粋な難民だけではなく、それ以外の者も多く含まれる。受け入れ側の負担や安全を考えれば、「難民」と名乗る人々が本当に難民性を有しているか、テロや武装組織とは無縁の存在であるかを確認し、選別するのは重要なことだ。

移動者のなかには、難民認定される確率の高いシリア人になりすます者もいる。ドイツ内務省の報道官によると、同国に到着する非正規移動者で、シリア出身者であると主張する人々の約三割が、実際は他国の出身者と推定されるという。また、ドイツのデメジエール内務大臣は「シリアの偽造パスポートや、シリア出身と言いながらアラビア語を一言も話せない人々がいる」と述べている（二〇一五年九月二六日付AFP）。

戦争犯罪やテロとの接点をもつ非正規移動者の存在も次々と判明している。スウェーデンで二〇一六年三月、シリア人の難民申請者が戦争犯罪で起訴されている。反体制派に属していたこの人物は、シリア政府軍兵士の大量殺害の罪に問われた。ドイツのシュトゥットガルトでも同年一月に、ヌスラ戦線のメンバーだった二四歳のシリア人が戦争犯罪で逮捕されている。さらに、デュッセルドルフでのテロ攻撃を企てた容疑で、同年六月、ISに属するシリア人三人がドイツで逮捕された。報道によると、うち二人は二〇一五年にトルコからギリシャを経由してEUに入ったという。

難民認定の審査を通じて個人の素性が明らかになり、場合によっては戦争犯罪に加担していた過去も明らかとなる。あるいはテロ関連の捜査の過程で難民申請者が浮上する。難民を受け入れるということは、付随するさまざまな問題も引き受けることを意味する。有象無象の問題をもたらすという点でも「混合移動」なのである。

難民や移民としてやってくる人の全員が天使のような人間であるとは限らない。彼らも人の子である。難民となって本国政府に反撃する難民戦士も存在する。武器をもって戦わないが、かつて戦闘行為に携わっていた者や、戦争を金銭面で支援する者もなかにはいる。筆者が見聞した範囲でも、ガーナの難民定住地で、以前は戦闘員だったというリベリア難民に遭遇したことがある。

EUへのルート

EUに到達するまでに、非正規移動者はいろいろな経由地を通ってきている。例えば、アフガニスタンからドイツに向かう場合は、イラン、イラク、トルコ、ギリシャ、そしてバルカン半島を経ていくわけだから、移動の連続である。このほかにも出身国や地域に応じて多様なルートが存在する。EU域外のルートを隈《くま》なく検証することは困難なので、ここではEU入域の動きに着目したい。状況に応じてルートは変化するが、以下は二〇一五年の主要なルートを大まかに記したものである(地図3－1参照)。

まず海のルートでは、大きく分けて、トルコからギリシャに渡るルートと、北アフリカから地中海を横断してイタリアやギリシャ、スペインの海域にたどり着くルートがある。後者

地図3-1　EUに向かうルート

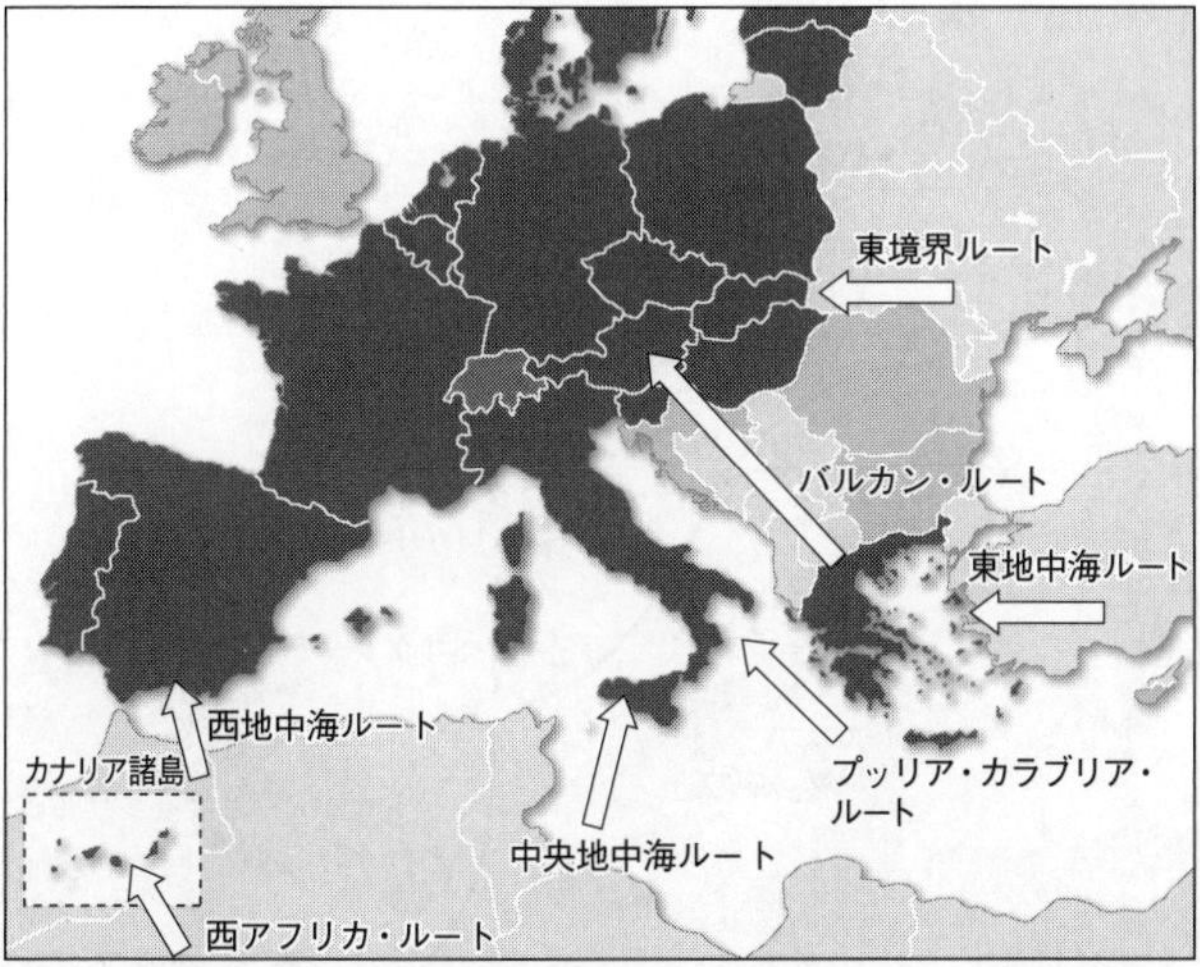

EU 加盟国かつシェンゲン加入国　EU 加盟国でシェンゲン非加入国
EU 非加盟国でシェンゲン加入国　EU 非加盟国かつシェンゲン非加入国

注：FRONTEXの資料に依拠した。

は中東からの移動者に加えて、アフリカからの移動者が多く利用している。

海のルートならトルコからギリシャに渡るルートが最短距離である。「東地中海ルート」や「トルコ・ギリシャ・ルート」と呼ばれる。ギリシャのコス島はトルコのボドルムからは目と鼻の先にある。レスヴォス島やヒオス島などもトルコからは距離が近い（トルコの沿岸部からレスヴォス島までは直線距離で一四キロメートル、ヒオス島までは同じく七キロメートル）。

トルコ・ギリシャ間ほどの近接した距離ではないが、リビアやチュニ

地図3－2　バルカン・ルート

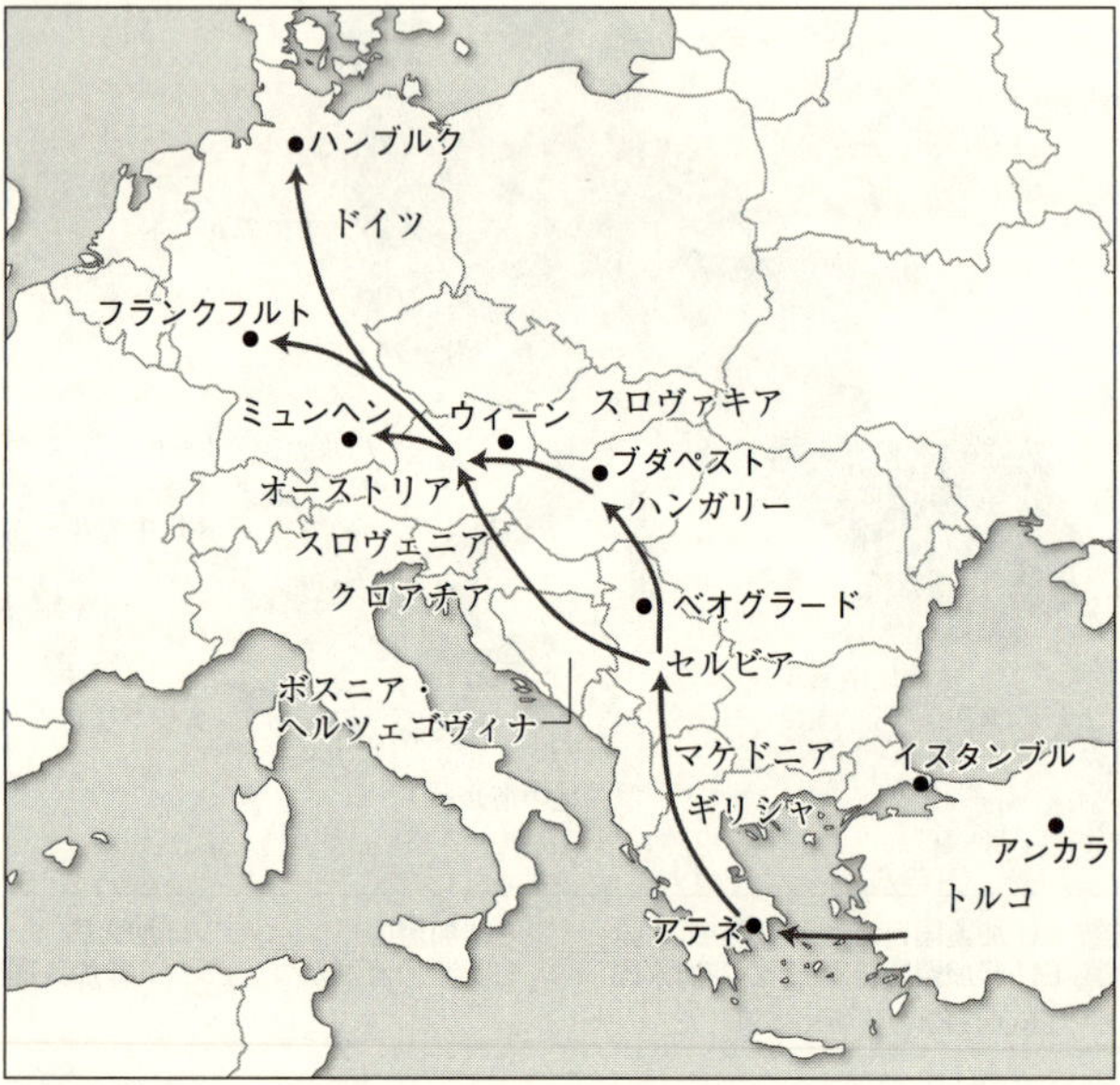

注：EUROPOLを出典とするBBCの資料に依拠した。

ジアからはイタリアが近い（リビア東部からギリシャまでも近い距離にある）。トリポリからイタリアのランペドゥーサ島までは二九〇キロメートルほどである。リビアとチュニジアからイタリアに向かうルートは「中央地中海ルート」と呼ばれる。イタリア半島の先端部分のプッリア州とカラブリア州に向かう「プッリア・カラブリア・ルート」もある。

モロッコからスペインに向かうルートは「西地中海ルート」となる。ジブラルタル海峡の最短箇所は一四キロメートルである。海峡を渡らなくても、アフリカ大陸側にはセウタやメリージャといったスペイン領の飛び地もある。スペイン領のカナリア諸島にも西アフリカ諸国から人々が来ているが、このルートは「西アフリカ・ルート」と呼ばれている。

続いて陸のルートだが、アジアや中東から欧州に移動する場合は、トルコからギリシャに入った後で、バルカン半島の諸国を経由することになる。「バルカン・ルート」と呼ばれるものだ(地図3－2参照)。これは「西バルカン・ルート」「東バルカン・ルート」といった形でいくつかのルートに分かれる。ちなみに、イラクやシリアからトルコ、ギリシャ、そしてバルカン・ルートを経てドイツに至るまで、ほぼ一直線のルートが描ける（イランを経由するアフガニスタンからも同様である)。

ウクライナからスロヴァキアに入るルートも存在する。これは「東境界ルート」と呼ばれている。

密航という名のビジネス

非正規移動者はどのような手段で欧州にやってくるのだろうか。

通常、人が移動するには「陸」「海」「空」の三つのルートがある。EUに向かう場合も同じである。このうち飛行機を使う空のルートについては、空港での出入国管理が厳格なので、

EUに密航するのは困難となる。ビザが免除されている場合を除けば、パスポートにビザがないと、出発元の空港で飛行機に搭乗するのはほぼ不可能だ。

もちろん、旅行や商用目的のビザを取得し、飛行機で現地に着いてから難民申請をおこなったり、あるいは失踪したりする方法もある（後者の場合は不法滞在者となる）。ただ、ビザの発給には厳しい条件が課されているから、ビザ取得は個人（場合によっては偽装申請を手助けする業者）の力量にかかっている。不可能ではないが、ハードルは高い。

となると残りは「陸」と「海」ということになる。陸のルートは国境の検問もあり、難関となることも多い。その一方で、広い海は入国管理が手薄となる空間である。管理する側にとっては弱点であり、密入国を試みる側にとっては格好のルートとなる。

そこで登場するのが前章でも言及した密航業である。今やグローバルに展開する産業である。欧州警察機関（EUROPOL）と国際刑事警察機構（INTERPOL）の報告書によれば、非正規移動者の九〇％以上が密航業者の力を借りてEUにやってきたという。一人当たり平均して三二〇〇ドルから六五〇〇ドルを密航に費やしているとのことである。

グローバル化の現象は飛行機による人の大量移動と結び付けられることが多いが、バスやトラック、ボートや中古船を乗り継いだ先進諸国への移動も顕著である。これもグローバル化の一端であり、草の根的に世界に広がる「裏の交通業」がこれを支えている。もっとも、密航業は運輸だけにとどまらない。書類の手配や各種仲介も含まれるから、サービス業の側面もある。「裏の旅行代理店」といったところである。

真っ当な仕事がなく、希望者が押し寄せるなかで、人々はごく自然に密航ビジネスに活路を見いだしたのだろう。EUに向かう密航者を続出させてきた背景には、出航地においてこうした密航業者を十分に取り締まれなかった事実がある。統制のとれているトルコでも万全ではなかったが、混乱の続くリビアではなおのこと難しい。

ビジネスという観点で見れば、仮に一人一〇〇〇ドル（数百ドルから数千ドルまで相場は異なる）を集金し、三〇人をボートに詰め込めば三万ドルの売り上げになる。一〇〇人なら一〇万ドル。人件費や燃料費、船の代金を差し引いても、十分に元手はとれる。フェイスブックなどのSNSや口コミで伝わるから、宣伝費は無料である。しかも、安全基準を無視して送り出しても、欧州の沿岸国が艦船を出し、密航者の救助を引き受けてくれる。正規の出入国手続きも必要ない。命を落とす者はいるが、持続可能で収益率も良く、難民や移民の送り出しにも貢献できる。犯罪と社会貢献を組み合わせた「秀逸な」ビジネスモデルである。

密航者の救助は、イタリア海軍による「私たちの海（Mare Nostrum）作戦」、次いでFRONTEXによる「トリトン（Triton）作戦」などによっておこなわれてきた。私たちの海作戦は二〇一三年一〇月から二〇一四年一〇月までに一〇万人以上を救助している。IOM

も賛辞を贈っている。イタリアの艦船による救助活動には毎月九〇〇万ユーロ（一ユーロ＝一三〇円の換算で一一億七〇〇〇万円）の経費がかかったという。

それでもやまない危険な密航

密航の場合、渡航の安全性は保証されないから、危険をともなう移動となる。IOMによると、二〇一五年だけでも三七七一人が地中海での密航の途中に命を落としている。二〇一四年も三二七九人の犠牲者を数えた。

穏やかな地中海であっても、劣悪な条件の密航船が沈没し、命を落とす移動者は後を絶たない。移動の途中で窃盗や婦女暴行、嫌がらせを受けるといった事例も報じられている。事件がなくとも、正規のフェリーでの旅行とは違い、快適な環境が提供されるわけではない。ボートで寿司詰めの状態となれば汚物処理は難しい。

しかし、別の見方をするなら、密航者であっても自らを危険な状況に追い込めば、沿岸国の艦船によって保護されることになる。海難救助は海の伝統であり、「海上における人命の安全のための国際条約」（一九七四年）などの条約でも定められている。

海上で救助されなくとも、沿岸国に命からがらたどり着けば、NGOや国際機関のスタッフが待っている。そうした様子を伝える映像は密航者の到来をさらに促していく。密航業者

子ども２人を抱え、救助されるシリア人。ピューリッツァー賞を受賞した写真（2015年９月、ロイター／アフロ）

にとっては格好の宣伝材料となる。メディアにとっても「絵になる」もので、世界の人々の共感を呼ぶ。

たしかに救助されたとしても、密航者には難民の地位が自動的に与えられるわけではない。場合によっては収容施設に入れられる。そうだとしても、ＥＵ域内に入り、少なくとも審査を受けることが可能となる。海のルートは危険だが、希望に満ちて見えるのだろう。

他方で、「人道的」とされる対応はいくつかの問いを投げかける。すなわち、人道援助に携わる人々が問題を作り出していた部分はなかったか、送り出す側の密航業者と受け入れる側の援助業界が図らずも補完関係を作り出した場面はなかったか、さらには、海難救助という伝統的な人道行動も密航業を助長してきたのではないか、という問いである。どれも道義的な葛藤を呼び起こすものであり、答えを出すのは簡単ではない。ただ、これらは今後、議論されていくものと思われる。

さらに言えば、非正規移動者から難民申請を受け続けたEUの姿勢も疑問視されるかもしれない。危険な密航を抑止すべく、EU諸国の大使館で人道ビザを発給し、安価で安全な空のルートを使わせる方法もとりえた。しかし、正規ルートでの難民申請者の大量流入を恐れたのだろう。EUは非正規移動者から難民申請を受理することとした。だが、それが次なる密航希望者を生み、海上での犠牲者を多発させる結果となった。

密航者は、トルコや北アフリカにとどまっていれば命を落とさなくて済んだはずである。完璧な生活条件ではないが、迫害を受けているわけではない。にもかかわらず、自らを危険にさらし、困難な状況に追い込んだ。その側面は否定できない。

その一方で、そこまでしても欧州に渡航したいと思わせるほど、母国や経由国での生活が切羽詰まっていたと見ることもできる。母国を離れ、外国に移動したことで貧困化にも拍車がかかる。一般化はできないが、政情不安や生活困難を経験してきたことを考えれば、安全で良好な生活が望める欧州諸国は、多くの者にとって命がけの密航に値したのである。

２　限界に向かう難民の理想郷

黄金郷としてのドイツ

非正規移動者の理想の目的地として浮上したのが欧州のドイツである。ドイツは地理的にも身近な「エルドラド」だった。目的地はＥＵならどこでも良いわけではなかった。ＥＵ最大の人口八一一七万人（二〇一五年時点）を誇るドイツはＥＵ域内では経済が好調で、しかも人道的観点から多くの難民を受け入れてきた。福祉で名高いスウェーデンもさることながら、安全と良好な生活条件が得られるドイツが選ばれたのは必然だった。

ナチスドイツ時代への反省もあって、ドイツの難民政策は手厚い。憲法である「ドイツ基本法」にも庇護権を謳《うた》った条文が存在する。第一六条ａ項は「政治的に迫害を受けた者は、庇護権を享受する」と定めている。本書の冒頭でもふれたが、メルケル首相が「政治的庇護に対する権利は、庇護希求者に対する上限を設けてはいない」と発言したとき、この条文が念頭にあったことだろう。

一九九〇年代の旧ユーゴスラヴィアでの危機でも、ドイツは数十万人の規模で難民を引き受けた経緯がある。今回の対応も従来の方針の延長線上にあった。また、一九六〇年代から、当時の西ドイツは主にトルコより「ガストアルバイター」と呼ばれる移民労働者を導入し始めた。こうした経緯から、難民や移民に開放的なドイツのイメージは、一定程度、海外で共有されていたと考えられる。

実際、シリア危機が始まってから二〇一五年の危機に至るまでも、ドイツは難民の受け入れに積極的な姿勢を示してきた。ドイツを目指す人々が絶えなかったのにはそうした背景がある。特にメルケル首相の積極性は顕著で、その姿勢は連邦移民難民局（BAMF）の対応に反映された。彼女が「慈悲深い母」とSNSでシリア人から賞賛されたのも当然である。

非正規移動者がバルカン・ルートで滞留するなか、二〇一五年八月末にはBAMFの担当官が難民の受け入れに前向きととれるツイートを流した。EUの共通政策である「ダブリン規則」をドイツは適用しないというものだった。後述するように、この規則はEU内で難民申請の審査に責任をもつ国を定めるものである。これによれば原則的に難民申請者が到着したEU加盟国が難民申請の審査をおこなうことになる。ツイートの内容は、申請者がバルカン諸国を経由したとしても、ドイツは難民申請を受け付ける用意があることを意味した。バルカン・ルートにいた非正規移動者は、これに反応してドイツに移動し始める。

また、メルケルは前述のインタビューで「強力で、経済的にも健常な国として、我々には必要なことをなしうる力がある」とも語っている（二〇一五年九月五日付AP）。こうした発言は「難民に対する上限はない。我々は受け入れる」（二〇一五年九月一一日付Sky News）との見出しとともにドイツ国外に伝えられた。ちなみに、同年九月に難民申請者の収容施設を訪問した際、メルケル首相は収容されている人々との自撮り写真に応じている。彼女の積極姿勢が伝わる一幕である。

難民申請者と自撮り写真に収まるメルケル首相
（2015年9月、ロイター／アフロ）

二〇一五年九月上旬は、この問題をめぐって多くの展開があった時期である。ハンガリーとオーストリアで足止めされていた人たちは九月六日、ミュンヘン駅にたどり着いた。ドイツの市民たちは歓喜で迎えた。感極まったのだろう、アフガニスタン男性にキスをする女性も現れた。ミュンヘン駅での出来事は「難民の黄金郷」を実証するかのようだった。

もちろん、ドイツの姿勢は人道主義だけで説明できるものではない。労働力を確保したいという産業界の意向も漏れ聞こえてきた。民間のドイツ銀行の報告書『難民の流入――ドイツにとっての機会』（二〇一五年一一月発表）は示唆的である。この報告書は、社会統合や財政の課題にもふれつつ、労働力としての難民の可能性を好意的に論じている。難民の社会統合を促すために八・五ユーロの最低賃金の一時撤廃も提言している。最低賃金の撤廃が多くの雇用を生み出すというロジックのようである。

「上限なき庇護権」の挫折

大風呂敷を広げたが、事態の展開に恐れをなしたのだろう。その後、非正規移動者の流れがやまないなかで、ドイツでは積極的な言動は萎《しぼ》み、現実的な議論が増えていく。

二〇一五年から二〇二〇年までに計三六〇万人の難民の到来をドイツ政府が予測していると二〇一六年二月に地元紙が報じ、政府は弁明に追われた。二〇一五年に到来した一一〇万人(この数値は報道によるもの)に加えて毎年五〇万人が来るというシナリオらしいが、実現すればドイツはトルコを超えて世界最大の難民受け入れ国の地位を得ることになる。

そのための経済的な負担は小さくない。難民支援のために必要とされる金額として、二〇一六年には一七〇億ユーロ(一ユーロ＝一二五円の換算で二兆一二五〇億円)、二〇一六年と二〇一七年の二年間で五〇〇億ユーロ(同、六兆二五〇〇億円)といった試算が報じられた。財政規律の甲斐あって得られた二〇一五年の連邦予算の黒字分、一二一億ユーロ(一ユーロ＝一三五円の換算で一兆六三三五億円)を超える額である。

好調な経済が続くなら捻出できる金額なのだろう。だが、そうだとしても国内の課題が皆無という状況ではない。国民の間での所得格差の拡大や、相対的貧困層の存在は頻繁に指摘されるところである。難民の社会統合への教訓ということになるが、ドイツに残留した移民労働者の貧困リスクが高いことも明らかになっている。

さらに、市民の安全が脅かされるという事態も生じた。二〇一五年から二〇一六年の年末年始にケルンで大規模な犯罪や暴行事件が起きたことは本書の冒頭でも伝えたとおりである。ドイツの対応は寛大と言えるが、夢想的な行動が際立つ場面がある。積極姿勢を見せたメルケル首相もさることながら、ミュンヘン駅に到着した非正規移動者を熱狂的に迎えたドイツ人はその一例である。ジャーナリストの三好範英《のりひで》による著書『ドイツリスク』はドイツの「夢見る政治」を鋭く指摘する。難民問題への対応もその一端だったと言える。

二〇一六年に入ってからは人々の熱気を伝えるニュースは届いてこない。

一月下旬におこなわれた世論調査では、ドイツ国民の四〇%がメルケル首相の難民政策に不満をもち、首相の辞任を求めるという結果が出た。同月、メルケルは与党の会合で「シリアやイラクからの難民は戦争が終わったら、本国に戻らなければならない」と述べ、暫定的な在留資格であることを強調した（二〇一六年一月三〇日付 Reuters）。続く二月、ドイツの下院は難民の権利を制限する法案を通過させた。難民として認定されなかった者の強制送還や家族呼び寄せの権利の制限などを認める内容だ。

後述するが、同年三月の地方議会の選挙では難民の受け入れに否定的な民族主義政党が躍進した。受け入れを推進してきたメルケル首相への批判票の意味が読みとれる。

先進国では何事においても完璧が求められる。難民の待遇も然りである。財政に余力のあるドイツといえども、理想が高すぎたのだろう。二〇一五年九月の熱狂からわずか数ヵ月後に善意の限界が表れたのだった。

前線国と経由国の悲哀

EUの中心国であり、「庇護権に上限はない」としたドイツに人々が吸い寄せられていく過程で、その途中にある国々に非正規移動者が到来した。特に影響を受けたのが、地中海に面したイタリアとギリシャ、そしてバルカン半島にある国々だ。

非正規移動者が好適な土地を求めて移動する傍《かたわ》らで、流入に向き合う人々は社会的、経済的な負担を負うばかりか、さまざまな軋轢を経験する。平穏に暮らしたいと願う地元住民にとっても危機的状況が生じるのである。地理を恨《うら》むしかない。

例えば、通過国の一つとなったスロヴェニア共和国での出来事だが、人口一七六人のリゴンツェ村を七万人の非正規移動者が通過した。美しい村として名高かったリゴンツェ村は、移動者が残したペットボトルや丸めた紙、毛布やコートが道端に散乱する羽目になった。大量の人の流入による喧噪《けんそう》や荒廃は深刻である。地元住民は語る。

「移民の数があまりにも多いので、彼らを迎え入れる国々の平和が破られるのではないかと不安です。このことがきっかけで、将来、ヨーロッパによくないことが起こるかもしれません。とにかく数が多すぎるのです」（二〇一五年一一月二日付『ナショナル ジオグラフィック日本版』）

非正規移動者の大量移動はリゴンツェの村民にとっても未曾有の危機である。難民問題を論じる際、とかく支援者は難民中心主義（refugee-centrism）に陥りやすいが、リゴンツェ村のように地元社会が経験する困難は決して軽んじてはならない。

ここからは前線国と経由国の状況を見ることにするが、すべての国を丁寧に検証することは叶わないので、ギリシャ、イタリア、ハンガリー、オーストリアの四カ国に絞る。

最前線のギリシャ

ギリシャは常にイスラム世界との最前線に立たされてきた。オスマン帝国の支配から抜け出したのは一八二〇年代のことだが、二〇一〇年代、今度はトルコ経由で押し寄せる人口圧力にさらされている。

この国は、アテネがあるバルカン半島の南端部分やペロポネソス半島に加え、無数の島々から構成される。とりわけ非正規移動との関連で浮上するのが、ギリシャの南東にあってトルコと近接しているドデカニサ諸島である。本書の冒頭で言及したコス島も、パリの同時テロ事件の実行犯が指紋を登録したとされるレロス島も、いずれもドデカニサ諸島にある。

FRONTEXによると、二〇一五年、東地中海ルートで八八万五三八六件の不法入域が記録された。そのほとんどがトルコとギリシャ間の海域である（IOMによると二〇一五年に海路でギリシャに入った非正規移動者は八一万六七五二人）。ギリシャの人口が一〇八一万人（二〇一五年時点）であることを考えれば、相当のインパクトがあったと言えるだろう。

EUの統計によれば、二〇一五年にギリシャでなされた難民申請は新規で一万一三七〇件（統計は端数処理が施されている）。非正規移動者の数に比べれば多くはない。ギリシャよりも他のEU加盟国での難民申請を希望する者が多かったためだと思われる。

二〇一五年は初審で九六四〇件の判定をしており、補完的保護を含めて四〇三〇件の難民認定をおこなっている。認定率は四二％である。なお、ある年に申請したとしても、判定は翌年になることがあるので、二〇一五年の判定数は同年になされた申請に関するものとは限らない。

ギリシャはＥＵへの玄関口であり、ドイツに向かう者にとっての経由地でもある。人口移動の集約地としてこの国は苦労を強いられている。特に二〇一六年の時点でギリシャの北にあるバルカン・ルートが封鎖されており、行く手をふさがれた非正規移動者がギリシャに滞留している。ドイツが彼らを引き取る気配もない。

ピレウス港の非正規移動者のキャンプと収容施設
（2016年5月、筆者撮影）

筆者は二〇一六年五月にギリシャのアテネとコス島、トルコのボドルムを視察した。特にアテネは人口流入にさらされていることが伝わる状況だった。

アテネの中心にあるヴィクトリア広場を訪ねた。この界隈《かいわい》はかつては高級住宅地だったというが、街は荒廃し、今では南アジアの雰囲気の漂う移民街だ。広場にはアフガニスタンからの非正規移動者が大勢集まっていた。テント暮らしの者はいなかったが、人々のたまり場になっている。トルコ経由でギリシャに来て、ドイツに向かう予定だったものの、アテネで足止めされているというアフガニスタン人が圧倒的に多かった。大きな荷物とともに途方に暮れた様子の一家もいた。

ちなみに、急進左派の諸団体が廃墟となっていた近くのホテルを占拠し、そこで非正規移動者向けの無料施設を運営している。三六〇人が宿泊中で、満室のようだった。

ピレウス港は中国への売却が決まったアテネの主要港だが、そこには非正規移動者の収容施設とキャンプがあった。訪れた日は施設の付近でノルウェーとスペインのNGOが活動していた。アフガニスタン人（少数民族のハザラ人を多く含む）が多い様子だったが、シリア人、イラン人、イラク人、アゼルバイジャン人なども見られた。倉庫を利用した収容施設はテントで埋め尽くされていた。ダマスカス出身のシリア人の一家は、ドイツにいる父のもとに行きたいが、アテネで足止めされた状態だと話していた。トルコのイズミールにいたものの、生活は厳しく、トルコ人のシリア人に対する感情も良くなかったという。

港の別のところにはギリシャ人の路上生活者たちもいたが、難民支援に携わるNGOからは見放されたようだった。ここ数日、食事をしていないという中年男性もいた。別の場所では、かつて日本に住んでいたという初老の男性が物乞いをしていた。ギリシャ人の生活困窮者と収容施設の人々との格差を物語る場面がいくつかあった。こうした構図は難民支援の周辺で生まれやすい。むろん非正規移動者はこれを理由に責められるべきではない。

もう一つの最前線、イタリア

イタリアは地中海に突き出た地形とあいまって、リビアやチュニジアを経由して多くの非正規移動者が到着する場所である。移動ルートでは中央地中海ルート（場合によってはプッリア・カラブリア・ルート）に相当する。

FRONTEXによると二〇一五年には一五万三九六四件の不法入域が記録されている（IOMの記録では一五万三一七人）。イタリアの人口は六〇八〇万人（二〇一五年時点）。日本に三〇万人の非正規移動者が到来したようなインパクトだろう。前述のとおり、イタリアに向かうルートは、地理的条件を反映してアフリカ出身者が多い。

同年、イタリアでなされた新規の難民申請は八万三二四五件だった。初審では七万一三四五件の申請を判定しており、二万九六一五件の難民認定（補完的保護を含む）をおこなっている。認定率は四二％である。

イタリアもEUへの玄関口となっており、以前から非正規移動者の問題に直面していた。二〇〇八年八月にイタリアはリビアと協定を結び、密航者をリビアに送り返すことで合意した。しかし、協定の合法性は欧州人権裁判所（EUとは別の司法機関）で争われることになる。イタリアの艦船に救助され、リビアに送り返されたソマリア人とエリトリア人が送還を不服とし、イタリア政府を訴えたのである。二〇一二年二月、欧州人権条約および関連する議定書に違反しているとの判決が出された。人権活動家からは賞賛された「ヒルシュ対イタリア事件」である。この判決は非正規移動者にとっては有利なものだが、安全保障の観点を軽視した趣もある。

アラブの春以降も、イタリアに渡ろうと大勢の密航者が船に乗り込むが、その途中で命を落とす者が後を絶たない。チュニジアとシチリア島の間にあるランペドゥーサ島の周辺で海難事故が頻繁に起きている。イタリア海軍、次いでFRONTEXが救助をおこなってきたのは前述のとおりである。

イタリアは非正規移動者の問題とともにテロ対策にも追われている。二〇一五年一二月の報道では、シチリア島に上陸したシリア人がISとつながりがあるとして逮捕されている。リビア沖で救出され、イタリアに移送された二〇〇〇人の非正規移動者のうちの一人だった。皮肉にも、テロリストをこの国に持ち込んだのはほかでもないイタリア政府だった。その前週には以前からイタリアに住んでいたイラク人がバリという町で逮捕されている。別の過激派組織の戦闘員をイタリアに送り込もうとした容疑である。ノルウェーにいるメンバーとの通信が傍受され、逮捕に至った。

批判されたハンガリー

バルカン・ルートに位置するハンガリーも人口圧力にさらされた。FRONTEXによると、セルビア（ＥＵ未加盟国）と国境を共有するハンガリーとクロアチアの両国で二〇一五年、七六万四〇三八件の不法入域を記録している。ハンガリー警察によると、ハンガリーに入った非正規移動者は三九万人。ハンガリーの人口が九八五万人（二〇一五年時点）だから、ギリシャと同様、相当の影響を受けている。

ハンガリー国境での衝突
（2015年9月、ロイター／アフロ）

二〇一五年の新規の難民申請は一七万四四三五件（再審申請を含めると一七万七一三五件）だった。二〇〇八年の三一七五件（再審申請を含めた件数）に比べれば五〇倍以上の増加である。簡素化したとしても、行政にとってすべての申請を審査するのは相当の負担である。二〇一五年の判定数は三四二〇件（初審）なので、申請数を処理できる態勢ではない。

この判定数のうち、補完的保護を含め五〇五件について難民認定がなされている。認定率は一五％で、これはギリシャとイタリアの四二％に比べると低い。

ハンガリーは厳しい対応が目立つ国である。非正規移動者の流入を抑えるために、二〇一五年七月、政府は南側の国境にフェンスを築き始めた。二〇一六年初頭の時点でセルビア間とクロアチア間のフェンスは完成し、ルーマニア間のフェンスの建設も進められている。これによって非正規移動者の流入の数は劇的に減少した。

政府の措置に対して非正規移動者がフェンスによじ登って抗議し、これに警察が催涙ガスを放つなど、激しい衝突が起きた。逮捕者も出ている。欧米のメディアはフェンスの件を批判的に伝え、UNHCRや人権NGO、アムネスティ・インターナショナルも当然のごとく非難声明を出した。

ハンガリーはかつてオスマン帝国の支配下だった時期があり、それ以降も攻防の最前線となってきた。言わば欧州のイスラム化の防波堤だった。そうした歴史的背景があるなかで、ハンガリーの人々がイスラム教徒の流入に困惑したとしても無理はない。とりわけ二〇一〇年から政権の座にあるヴィクトル・オルバン首相は経済左派だが民族主義的な政治姿勢をとってきており、非正規移動者の流入にあたっては強硬な態度で臨んだ。左派の政党も、有権者の支持を失いかねないこの問題では積極的に動こうとしなかったと伝えられる。

国民の側からも難民受け入れに対する支持は高まっていない。二〇一五年一二月の世論調査（Nézőpont Intézet 研究所の調査）では、回答者の八七％が非正規移動者の流入に反対を表明している。この後でふれるEU内で提示された難民申請者の移転の割り当てについても、二〇一六年三月の調査（同研究所）では八〇％が反対、一四％が賛成を表明している。左派の支持者の間でも五五％が反対、四二％が賛成だという。

対応に揺れたオーストリア

同じくバルカン・ルートに位置するオーストリアも非正規移動者の大量流入と向き合うことになった。人口は八五九万人（二〇一五年時点）。二〇一四年にオーストリアでなされた新規の難民申請は二万五六七五件だったが、二〇一五年は八万五五〇五件に増加した。バルカン・ルートを北上する大量の非正規移動者がドイツの手前にあるオーストリアで申請をおこなったと理解できる。

なお、二〇一五年の判定数二万一〇九五件のうち、難民認定（補完的保護を含む）は一万五〇四五件となっている。認定率は七一％である。

オーストリアは当初よりシリア難民の受け入れに積極的というわけではなかった。しかし、二〇一五年九月を境に開放に向かい、また締め出しに戻るなど、対応は二転三転した。与党の社会民主党は右派のオーストリア国民党と連立政権を組んできたが、政権内の力学や世論の動向が判断を左右したと考えられる。

非正規移動者はトラックのコンテナに潜んでオーストリアに入国することが多かった。二〇一五年八月には、ハンガリーから来たトラックから多数の遺体が発見される事件が相次いだ。これらの事件に加えてトルコの海で溺死したアラン君の事件が契機となったと思われる。オーストリア政府は国境を開放する方針をとった。ハンガリーが数千人の非正規移動者をバスでオーストリアに送り始めると、九月五日、オーストリアはハンガリーからの移動者の入国を認めると発表した（そして、彼らはドイツ南部のミュンヘンにたどり着き、歓喜で迎えられる）。

この頃はドイツと歩調を合わせる姿勢を示したが、その後、オーストリアは国境管理を重視する方針に転じた。スロヴェニアとの国境線にフェンスを築いたのはその一環である。二〇一六年に入ると、政府は同年の難民申請の受け付け件数を三万七五〇〇件に抑え、二〇一九年までには年間二万五〇〇〇件に抑えると発表した。また、南部の国境での難民申請者の受け付け上限を一日当たり八〇人に設定した（これらの方針はドイツやEUから批判を受けた）。

政権内部からも国境の開放や難民の受け入れに否定的な発言があった。オーストリア国民党のミクル・ライトナー内務大臣（当時）は「いち早く欧州の砦《とりで》を築かなければならない」と主張し、同党出身のクルツ外務大臣も「（難民の）招待政策は終わりにしなければならない」と述べている（二〇一六年三月三日付 Deutsche Welle）。

二〇一六年三月には政府がアフガニスタンの新聞に広告を出し、「オーストリアの法規制が厳しくなった」と伝えるなど、厳格な姿勢をアピールしている。

3　噴出した問題

EUの対応——シェンゲン協定とダブリン規則

二〇一〇年末に始まったアラブの春以降、EUは無策だったわけではない。中東諸国でのシリア難民やシリアの国内避難民に関連して、EUは多額の援助をおこなってきた。二〇一六年五月までの総額は六四億ユーロ（一ユーロ＝一三〇円の換算で八三二〇億円）に上る。援助のための信託基金（「マダッド基金」と呼ばれる）も二〇一四年一二月に設立されている。二〇一五年五月にはEUの執行機関である欧州委員会が「人口移動に関する欧州のアジェンダ（European Agenda on Migration）」を提示している。EUがとるべき施策を示した包括的な指針である。欧州委員会を率いるジャン＝クロード・ユンケル委員長も人口移動を優先課題の一つに掲げ、その実現に向けて精力的に動いてきた。

ただ、こうした政策が押し出し要因の抑制につながったとは言えず、非正規移動者のEUへの流入は増え続けるばかりだった。

EUに入域した非正規移動者の大半は難民としての保護を求めた。その一方で、難民申請をおこなった後に自由にEU域内を移動した非正規移動者もいた。ここで問題となるのがEUの難民審査制度と人の移動の自由という二つの要素である。EUが定めたルールとしてはそれぞれ「ダブリン規則」と「シェンゲン協定」が関係する。

時系列的に見ていきたい。「シェンゲン（Schengen）協定」が一九八五年六月にルクセンブルクのシェンゲンで結ばれた。当時の欧州共同体（EC）、現在のEU域内での人の移動の自由化を目指した協定である。また、EU域内での難民認定の申請の共通化を図るべく、一九九〇年六月のダブリン条約を起点として、二〇〇三年二月に「ダブリン規則（規則第三四三号）」がEU理事会によって定められた（EU理事会はEUの主要な決定機関で、これが採択する「規則」には法的拘束力がある）。二〇一三年六月にはその改訂版（規則第六〇四号）が示された。

人の移動の自由化と国境管理の撤廃、そして難民申請手続きの共通化のいずれも欧州統合の成果だった。しかし、これらの蓄積は二〇一五年の一連の出来事によって見直しを余儀なくされた。

シェンゲン協定に加入している国は二〇一五年時点で二六カ国。EU加盟国のうちの二二カ国に加えて、EU非加盟国のノルウェー、スイス、アイスランド、リヒテンシュタインの四カ国が加入している（EU加盟国ではブルガリア、クロアチア、キプロス、ルーマニアは未加入、イギリスとアイルランドは非加入)。この二六カ国が「シェンゲン領域」を構成する。

域内における「人の移動の自由」は欧州統合の目標だった。しかし、国内事情と絡んで各国で温度差があったため、EC本体とは別の制度として進められた。シェンゲン協定が当時の一〇のEC加盟国のうち五カ国だけで結ばれたのもそのためだった。移動の自由は一九九七年一〇月のアムステルダム条約で正式に欧州統合の計画に組み込まれたが、イギリスとアイルランドにはシェンゲン協定への非加入を例外的に認めることになった。

シェンゲン制度は徐々に進展し、加入国の間では国境管理が撤廃されていった。加入国間ではパスポートを携行する必要はなく、各国の公式の身分証明書がその役割を果たす。この仕組みに従えば、ビジネスマンからテロリストまで、EU市民は域内を自由に移動できる。ビザが要求される国の人々も「シェンゲン・ビザ」を獲得すれば、シェンゲン領域での移動は基本的に自由である。

ダブリン規則も欧州統合のなかで重要な位置を占めてきた。この規則にもとづいて「欧州共通庇護制度(CEAS)」が設けられ、難民申請手続きの共通化が図られてきた(ただし、EUとの合意でデンマークには適用されない)。支援組織として欧州庇護支援事務所(EASO)が設立されている(本部はマルタのヴァレッタにある)。難民保護という欧州の伝統をEUレベルで実現しようとした、欧州らしい実直で壮大な試みである。

ダブリン規則では、難民申請を優先的に審査する国の基準とともに、EU加盟国内での移送手続きが定められている。詳細は省くが、原則的に難民申請を希望する者は最初に到着したEU加盟国で申請をおこない、その国で審査を受けることになる（ただし、申請者の家族がつながりを有する国がある場合は、その国が優先的に審査する）。責任国による審査および移送手続きは、「引き受け（take charge）」と「引き取り（take back）」と呼ばれる制度に従っておこなわれる。

既存の制度の行き詰まり

EUの制度で特徴的なのは長年の積み重ねによって独自の法体系が形成されていることである。加盟国間で結ばれた基本条約の下に、数多くの法令や判例が存在する。その法令にも、拘束力のある「規則」のほかに、国内法化が求められる「指令」などがある。

こうして蓄積された法体系は「アキ・コミュノテール（acquis communautaire）」と呼ばれる。フランス語で「共同体で（＝コミュノテール）すでに得られたもの（＝アキ）」を意味し、EU加盟国はこれを遵守する義務がある。CEASとシェンゲン制度もそれぞれ「CEASアキ」と「シェンゲン・アキ」からなる。例外措置が認められているとはいえ、いずれも欧州統合の重要な蓄積だった。

緻密に構築されたＣＥＡＳだったが、大量の非正規移動者を目の前に実際の運用に支障をきたし始めた。非正規移動者がたどり着いたのはギリシャやイタリアといった国だった。ダブリン規則に従えば、彼らはこれらの国々で申請をしなければならなくなるが、前線国だけで難民申請を審査するのは重荷となった。しかも非正規移動者の多くはドイツやスウェーデンを目指し、すでにいくつかの国を経由している。最初の到着地のギリシャで難民申請をおこなわない者も多かった。

さまざまな意味でダブリン規則は現実に合致しなくなったと受け止められ、ハンガリーやドイツをはじめとした国々がダブリン規則の運用停止に踏み切った。

ちなみに、ＥＵ理事会は二〇〇一年七月に一時的保護に関する指令を採択している。この指令は、難民の大量流入を想定して、期間限定の保護のあり方をＥＵ内で定めようとしたものである。二〇一五年の危機は想定されたシナリオに該当するはずだが、この指令を実行に移そうとする機運はなかった。

シェンゲン制度が目指した国境管理の撤廃は、後述する二〇一五年一一月のパリ同時多発テロ事件を受けて岐路に立たされた。制度が完全に破綻したわけではない。しかし、特にパリでの事件以降、入国検査の強化や国境でのフェンスの建設など、シェンゲンの理念に反する動きがあらわとなった。「国境の撤廃」はＥＵが抱いた甘美な夢だが、現実世界の問題に対処するうえでは陥穽《かんせい》があると加盟国が感じたのである。

こうしたなか、二〇一五年一二月には欧州委員会から「欧州境界沿岸警備機関（European Border and Coast Guard Agency）」の設立が提示され、二〇一六年六月にEU理事会で承認された。EUの対外境界線を守るべくFRONTEXの権限を強化する施策である。いわゆる「欧州の砦（Fortress Europe）」を堅固にすることで、シェンゲン協定を維持する狙いもある。

二〇一六年四月にはCEASの改革（加盟国の吸収能力などに応じた分配基準の導入など）とEASOの権限強化に向けた案も欧州委員会から示された。制度の強化と拡大を唱えるところは自己肥大してきた欧州委員会らしい提案である。ただ、対外境界線の強化とは違って難民受け入れに関する合意形成は容易ではなく、紆余曲折も予想される。

一六万人の移転計画とEUの亀裂

二〇一五年九月、アラン君の事件を受けて世論に押されるかのようにEUの首脳レベルで事態が動いた。二〇一五年九月二二日、EUの法務・内務閣僚理事会は一二万人の非正規移動者の移転（relocation）計画を決定する。翌二三日のEU臨時首脳会議は、移転計画はもとより、「ホットスポット」と呼ばれる難民申請者の収容施設を前線国で建設することなど、包括的な対応方法を協議した。

移転計画の決定は禍根を残した。計画は、前線国であるギリシャとイタリアの負担をEUの加盟国間で分担し、非正規移動者を移転させようというものである。前述の「人口移動に関する欧州のアジェンダ」を受けて二〇一五年六月に四万人の移転計画が決まっていたが、これに一二万人が加わり、計一六万人の規模となった。欧州委員会が唱えた分担の強制には異を唱える国が多く、結局のところ、割り当て（quota）は決めるものの、各国が自発的に実施する形で決着した。移転計画に不満を抱いたスロヴァキアとハンガリーの両政府は、欧州司法裁判所にこの件を提訴した。

この計画は難民の再定住を意味するものではない。移転先の国が非正規移動者（なかでも難民性の高い者）を暫定的に受け入れて、あくまでも難民申請を審査するというものである。それでも加盟国側に移転計画に対する強い熱意があるわけではない。欧州委員会の資料によると、二〇一六年六月時点で一六万人のうち二二八〇人（ギリシャから一五〇三人、イタリアから七七七人）の移転がなされたのみである。

移転計画に強く反対したのはポーランドやハンガリー、チェコ、スロヴァキアといった東欧・中欧諸国だった。「ヴィシェグラード・グループ」を構成する四カ国だが、これらの国々が反対した理由を推量するなら、出入国管理という国家主権の根幹にふれたことへの反感、それがドイツ主導でおこなわれたことへの不満、そして異なる宗教・民族的背景をもつ人たちがやってくることへの不安、といったところだろう。

概して難民問題は「国家が難民を守る」ことをめぐって論じられてきた。しかし、あまりにも人数が多く、国家に対する脅威と負担と受け止められるとき、「難民から国家を守る」という発想が出てきてしまう。その是非はともかく、東欧・中欧諸国の拒絶反応はその発露である。移転計画は加盟国間での連帯を意味するはずだったが、むしろ深い溝を生み出した。

EUの転換点

二〇一六年六月、イギリスでEUからの離脱を問う国民投票がおこなわれ、五一・九%で「離脱」が勝利した。一九七三年にEUに加盟したイギリスの離脱の決定は衝撃的だった。

国民投票の争点は多岐にわたり、投票行動も世代、地域、社会階層で大きく異なった。争点は、社会格差やドイツの一極集中を許した欧州統合のあり方ばかりか、東欧・中欧のEU加盟国からの移民の流入(二〇〇四年以降に一四〇万人を数えた)、さらには近年の非正規移動者の問題にも及んだ。離脱派のキャンペーンでは、列をなして歩く非正規移動者を前面に出し、「限界点」と銘打ったポスターが使われた。

国民投票でのEU離脱という結果は、非正規移動者の問題だけによるものではないが、一つの連鎖反応と見ることはできる。そして、これもさらなる連鎖をもたらしかねない。EU

加盟国で同様の国民投票の実施を求める声が高まり、それとともに欧州統合の求心力が弱まるのは必至と思われる。スコットランドと北アイルランドの連合王国からの離脱、さらにはスペインのカタルーニャ、フランスのコルシカでの分離独立の動きが促される可能性もある。さまざまな展開を暗示させる国民投票だった。

ここでEUの歩みにもふれておきたい。理想として語られた汎欧州主義を実現するかのように、第二次世界大戦後、西欧諸国は結集に向かった。一九五〇年五月のシューマン宣言を受けて欧州石炭鉄鋼共同体が六カ国で設立された。これが欧州統合の起点となったことも興味深い。石炭と鉄はドイツとフランスとの間の紛争の種だったからだ。一九五七年三月のローマ条約、正式には「欧州経済共同体設立条約」によって同名の共同体が成立する。一九六七年七月、これらの共同体はECに編成される。

冷戦終結後は一九九二年二月にマーストリヒト条約（「欧州連合条約」）が締結され、一九九三年一一月、一二の加盟国でEUが発足する。欧州統合というプロジェクトには、世界大戦への反省、単一市場の形成、超大国アメリカへの対抗、共通の価値観の確認などの意味が込められてきたが、冷戦終結後、プロジェクトの意義は広く共有されることになる。

数次にわたる拡大を経て、EU加盟国は二八カ国にまで増えた。上述のローマ条約とマーストリヒト条約の二つの基本条約は、一九九七年一〇月のアムステルダム条約、次いで二〇〇七年一二月のリスボン条約によって改訂され、他に類を見ない地域統合の枠組みを築いている。

しかし、「社会実験」としての欧州統合が進む一方で、その急進的な性向は裏目に出てしまう。非正規移動者の危機を受けてEU内で亀裂が走り、統合の機運が停滞したことは疑いようもない。イギリスの国民投票の結果がそれに追い打ちをかけた状態である。

厳しい時代のなか、EUが目指してきたものが各国によって負担や脅威と認識され始める。完璧なまでの人道主義の追求、軋轢を生み出す人の移動の自由、無防備とも言える国境の撤廃はまさにそれである。当然のごとく、加盟国はEUよりも自国のことを優先するようになる。一般市民の間でも欧州統合への懐疑論が定着する。アメリカの民間研究機関、ピュー・リサーチ・センターがEU加盟国一〇カ国でおこなった調査(二〇一六年四月から五月に実施)でも、回答者の五一%がEUに肯定的、四七%が否定的な見方を示している(ただし、フランスでは六一%が否定的、ポーランドでは七二%が肯定的など、国別の違いは大きい)。

非正規移動者の流入でEU諸国が混乱するなかで、EUの求心力のみならず、欧州統合を牽引《けんいん》してきたドイツの指導力も低下した。大国ドイツへの根深い警戒心はこの国が進めようとした積極的な難民政策によって増幅してしまう。その一方で、国家主権に重きを置く東欧・中欧諸国は、非正規移動者の問題でも自国の立場を隠さなくなった。EU懐疑派の勢いはやまず、統合の推進どころか、EUの衰退さえも危惧されている。EUを維持するとしても、「統合推進」か「主権重視」かに分かれる加盟国間での路線の違いは深刻である。

未来から振り返れば、二〇一五年から二〇一六年にかけての一連の出来事は、EUの歩みを大きく転換させたものと説明されるのかもしれない。

フランスを襲った「恐怖の年」

二〇一五年はフランスにとっての「恐怖の年（annus horribilis）」だった。首都パリは一月と一一月の二度にわたってテロ事件に見舞われた。

一月七日、預言者ムハンマドの風刺画を掲載したとして、週刊の風刺画新聞『シャルリ・エブド』の本社が襲撃された。一二人が死亡した。テロ事件はパリ近辺でも続き、警察官や一般人が犠牲となった。シャルリ・エブド襲撃の実行犯であるクアシ兄弟は、アルジェリア移民の二世でフランス国籍者だった。信頼できる兄弟でテロを起こすところはいかにも今日的である。ユダヤ系の商店を襲撃したもう一人の実行犯、アメディ・クリバリはマリ移民の二世で、郊外に住む不良といった人物だった。

「アラビア半島のアルカイダ」は追認するかのように犯行声明を出した。

そして一一月一三日、パリで再びテロ事件が発生した。今度はさらに大きな規模だった。

短時間の間に複数の場所で一二九人が殺され、三五〇人あまりが負傷した（負傷者のうち一人は後に死亡した）。事件の衝撃は世界に伝わった。

事件のあらましは次のとおりである。サッカーの仏独親善試合がおこなわれていた競技場「スタッド・ド・フランス」の場外で爆破事件が起きた。その直後にパリ一一区にあるコンサートホール「バタクラン」で銃の乱射事件が発生する。コンサートの最中の出来事だった。バタクランの犠牲者は八九人に上った。パリ一一区や一〇区にある複数のレストランでも銃の乱射事件が起き、多数の犠牲者が出た。

事件の主犯格のアブデルアミド・アバウドは、モロッコ人を両親として生まれた移民二世だった。ベルギーとモロッコの二重国籍者で、ブリュッセルのモレンベーク地区に住んでいた。シリアへの渡航歴もある。ISのベルギー支部を率いていたと見られる。アバウドは事件の数日後、逃亡先のパリ郊外で警察による捜索の最中、特殊部隊に殺害された。

事件の全容は徐々に分かってくるはずだが、実行犯たちは二重国籍者を含め、フランスやベルギーの国籍者である。ホームグロウン・テロ（自国育ちのテロ）の典型例である。実行犯のなかにはシリアのパスポートを携帯している者もいた。シリア難民を装って社会を混乱させるのが目的だったのだろう。シリアのパスポートは今や購入が簡単だから、パスポート上の国籍が本当の国籍を示すとは限らない。

むしろ注目すべきは次の点である。『ル・ジュルナル・ドュ・ディマンシュ』などの報道によれば、実行犯の指紋を照合したところ、そのうちの二人が二〇一五年一〇月三日にギリシャのレロス島で登録した非正規移動者の指紋と一致した。バルカン・ルートを使ってパリに来たと言われており、うち一人はセルビアで難民申請をおこなったとされる。

アバウドも二〇一五年九月にはギリシャのレロス島にいたと伝えられている。仲間を迎えるためだったようである。また、ハンガリー政府の報道官の話として、事件の首謀者の一人は同月にハンガリーのブダペスト東駅を訪れ、非正規移動者のなかから協力者をリクルートしていたと報じられた。「首謀者の一人」は二〇一六年三月にベルギーで逮捕されたサラ・アブデスラムを指していると見られる。別の報道によると、アブデスラムは二〇一五年一〇月にはドイツ南部のウルムにある難民申請者の収容施設を訪れていた。

これらの報道に従えば、欧州で人々の善意が高まっていた最中に、テロの計画は着実に進んでいたことになる。

テロリストに悪用された制度

非正規移動者が一様に危険ではないとしても、パリの同時テロ事件の二人の実行犯のように、危険性の高い人物がそのなかに紛れ込む可能性がある。ＥＵでは武闘的なイスラム主義者の帰国または入国といった形でこの問題が表面化している。

一見したところ難民と思われる場合、入国前に全員の審査が十分にできず、ひとまず入国を認めるという手順になりやすい。EUの基準からすれば、密入国とはいえ、非正規移動者を拘置所で拘束するのは非人道的と感じられたのだろう。実際に、大勢の難民申請者に対して密閉性の高い施設を大量に用意することも難しい。EUは二〇一五年九月の臨時首脳会議で収容施設を整備することを決定しているが、パリの事件に対応するには遅かった。

さらにEU加盟国間でのテロリストに関する情報の共有にも問題があった。情報があったとしても、入国審査機関や収容施設での対応に活かされていなかった。非正規移動者の問題は、どのEU加盟国においても諜報機関や警察組織を逼迫させたと思われる。関係者からの警告がメディアに流れるものの、事件が起きるまでは楽観主義が欧州を覆っていた。EUの守りが手薄ななかで、既存の制度はテロリストたちに悪用されてしまうのである。

検査が厳しい空港に比べれば、海のルートで、大量の難民申請者が現れた場合、入国管理は甘くなる。「一見したところの難民」に対してEUは寛大である。命が危険にさらされる国への難民の送還も禁止されている。パリでテロ事件を起こした二人の実行犯が「難民」として海からギリシャに入ってきたのは偶然ではない。

シェンゲン領域に入ってしまえば、移動は比較的自由である。フランスの対外治安総局

（ＤＧＳＥ）の関係者が認めたように、シェンゲンはテロリストに対応するには「水切りザル」だった（二〇一五年一一月一九日付 Le Point）。ＥＵの出入域と域内移動の制度、そして難民保護の法体制のそれぞれの盲点の重なったところを実行犯は見事に突いたのである。

難民問題と安全保障

ＥＵ諸国が置かれた現状は、難民問題の安全保障上の課題を浮き彫りにしている。

従来の難民議論において、安全保障の論点化（「セキュリタイゼーション」と呼ばれる）は忌避され、批判されてきた。国家と難民がそれぞれに安全を求めるなか、この議論に安全保障の視点を導入することは二者択一になりかねないからである。ただ、葛藤が生まれるとしても、現在の世界情勢を考えれば、この課題には真剣に向き合わなければならない。

従来、「国家安全保障」の課題として位置付けられてきたのが軍事的な課題だった。これらが「伝統的安全保障」とされるのに対し、テロは「非伝統的安全保障」と位置付けられる。ただ、いずれも国家安全保障に関わる重要な問題である。

軍事やテロ以外の新しい安全保障の切り口としては、「政治的安全保障」「社会的安全保障」「環境の安全保障」「経済的安全保障」といった視点がある。政治学者、バリー・ブザンに代表されるコペンハーゲン学派が示した安全保障の考え方である。なお、社会的安全保障は social security（社会保障）と区別して societal security と記される。

さらなる視点が「人間の安全保障」である。一九九〇年代から国際的な公共政策のなかで論じられてきた概念である。日本政府も国連などの場でこれを積極的に提唱してきた。

こうした新しい切り口も加えたうえでEUの難民問題を考えたとき、難民がもたらす負の影響は次のように整理できる。

①治安の悪化、戦争犯罪者の混入、テロの危険の増大
②政治の複雑化・不安定化・麻痺
③経済・社会的コストの増大
④喧噪化（騒がしくなること）・荒廃化など、居住環境の悪化
⑤人口・民族・文化構造の変容

難民個人を助けることは当人の「人間の安全保障」につながることだが、それが一定数の規模となると、社会や国家の多面的な安全保障に影響を及ぼしかねない。個々の難民は無実だとしても、社会としてこの問題に対応できない事態が生まれてしまう。そうした負の側面に言及することなくしては、難民問題の全容は論じられない。

さまざまな安全保障上の影響

非正規移動者の流れにテロリストや戦争犯罪者が混入することは「国家安全保障」の問題として説明できる。欧州での逮捕者の事例はすでに見たとおりである。かつては可能性として語られるだけだったが、今や現実の脅威となった。

欧州で報じられている市民を巻き込んだ犯罪事件は、被害者の「人間の安全保障」が脅かされた事件である。スウェーデンでは集団暴行や低年齢の女性被害者の事例を含め、アフガニスタン人による衝撃的な事件が伝えられている。国家が国民の安全を守りきることができなかったという点では国家安全保障の課題とさえ言える。

他方で、EU諸国の国内政治が難民問題への対応で揺れてしまい、国内またはEUレベルでさまざまな不和が高まっていることは「政治的安全保障」の問題である。難民・移民という論点が国内政治を複雑にし、重要課題に費やすべき時間と労力を奪ってしまう。内政の安定性は失われ、加盟国間で揉《も》め合う姿が世界に伝わり、EUのソフトパワーも低下する。

経済的側面に関しては、受け入れ側は、住宅や教育、医療など、難民の生活や社会統合のための財政支出を強いられるかもしれない。受け入れ側の国民と難民とが労働市場で競合するような場面も想定される。難民は経済的に安定したとしても、受け入れ国の「経済的安全保障」が影響を受けかねない。

ギリシャやイタリアの海岸に打ち捨てられた大量の救命胴衣や、先述のスロヴェニアの村の荒廃といった事例は、「環境の安全保障」の問題として論じられる。

EU諸国の人々がより重要と考えているのは「社会的安全保障」だろう。難民や移民の受け入れによって、これまでの社会の景色が変わっていく。長期的な人口構造も変化する。海岸に散らばる救命胴衣のようにすぐに解決できる問題とは異なり、人口や文化の構造が変容するとそう簡単には修正できない。

しかも国民の意向を尋ねることなく、時の政権の一存で難民の受け入れが決定する。一般市民は難民という他者との共存を迫られ、財政支出への理解も求められる。テロや暴力事件の脅威にさらされるのは政策決定者よりも、むしろ市井の人々である。さらにEUでは自国外の政治家の判断が自国の政策にも関わってくるから、人々の気持ちは穏やかではない。

難民問題をめぐって国内やEU内の政治が落ち着かず、社会の亀裂が進んでいく。難民申請者によるさまざまな事件が発生する。それに加えて、難民の受け入れに反対する側からの暴力事件も起きてくる。経験しなくても良かったはずの社会不和が増大してしまう。テロによる社会不安を含め、広い意味で社会的安全保障の欠如ということになる。

次に述べる欧州におけるイスラムの台頭を含めて、この状態に対して人々が不安を感じたとしても驚きではない。

4　晴れそうにない欧州の憂鬱

イスラム化するフランス

二〇一五年一月にフランスで出版されたミシェル・ウエルベックの小説『服従』（原題はSoumission）は話題を呼んだ。パリの大学で文学を教える主人公の退廃的な生活が文学論とともに語られる。注目すべきは小説が描く近未来のシナリオである。

二〇二二年五月、フランスで大統領選挙がおこなわれる。決選投票では、イスラム同胞党のモアメド・ベン・アッベス候補（架空の政党と人物）が、国民戦線の女性党首の候補に勝利する。国民戦線は「極右」とされる、実在する政党である。

イスラム教徒のベン・アッベス大統領の下、フランス社会は変容を遂げていく。『服従』はその様子をつぶさに描写する（ちなみに「イスラム」は「服従」や「帰依」を意味する）。サウジアラビアの財政支援を受けた新生ソルボンヌ大学の学長の自邸には一五歳の妻もいる。多文化主義の極致と言える設定だ。

これらは小説のなかの出来事だが、フランス社会におけるイスラムとイスラム教徒の進出は目覚ましい。イスラム教徒はフランスの人口の七・五％（二〇一〇年時点、ピュー・リサーチ・センターによる）を占める。イスラム教徒の国会議員や閣僚も数は少ないが出始めている。二〇一七年に予定されている大統領選挙では、いわゆる泡沫《ほうまつ》候補だが、セネガル生まれの政治家、ラマ・ヤッドが早々に立候補を表明した。彼女はイスラム教徒のフランス人である。

イスラム化（Islamization）の潮流はフランスをはじめとした欧州各国で見ることができる。と同時に、それにともなう軋轢も顕在化している。実情はジャーナリストの三井美奈の著書『イスラム化するヨーロッパ』でも克明に描かれている。

ごく簡単ながら、現象の読み解き方を筆者なりに述べたい。

戦後の成長期のなかで西欧諸国は労働力を必要とした。なかでもフランスは一九六〇年代よりマグレブ諸国（アルジェリア、チュニジア、モロッコ）から多くの移民を導入した。しかし、一九七〇年代頃からは石油危機や経済の低迷とともに、失業者が生まれる。移民導入を停止し、移民を本国に返そうとしても、簡単には帰ってくれない。移民政策は時の政権（移民に温情的な社会党政権など）の意向に左右されながらも、全体として見れば規制の方向で動いていく。にもかかわらず、移民の流れは制止できなかった。家族も増え（家族の呼び寄せはフランス政府も社会統合の一環として認めた）、次の世代も生まれてきた。

フランスが直面するのは、イスラムを背景とする移民を受け入れたものの、摩擦が覆い隠せなくなり、分解が進んでいる社会の現実である。国の理念や歴史、文化に必ずしも共鳴しない人たちとどう折り合いをつけるか、そのための試行錯誤が繰り返されている。

例えば、フランスでは、イスラム教徒のスカーフ（「ヘジャブ」と呼ばれる）を公立学校で着用することは禁止されている。論争のなか、二〇〇四年に法律で決められた。憲法第一条にも謳われる世俗主義という共和国の理念を守り通そうとしたものだ。世俗主義は現在の第五共和政のみならず、フランス革命以来の国是である。そうした姿勢さえもイスラム教徒の側から理解されているとは限らない。

イスラム教徒の増加によって社会のあり方が変容しつつある。というよりも、変容を余儀なくされている。移民導入国と移民という「労使関係」において、力関係が大きく変わったのである。「主従関係」の変化と言い換えても良い。移民政策を採用した当時の責任者たちはここまで予期しなかったのだろう。スイスの作家、マックス・フリッシュの「労働者を呼んだが、やって来たのは人間だった」という言葉は、まさにこの問題の核心を突いている。

多文化主義の限界

フランスにおけるイスラム教徒の問題は文明論とも重なり合う。欧州とイスラムの複雑な関係性が垣間見られる場面でもあり、軋轢の解消は容易ではない。

非正規移動の問題に引き寄せて論じるなら、ゲルマン民族の大移動を意識した言説が存在する。ゲルマン民族の大移動は「蛮族の侵略（Barbarian Invasion）」とも呼ばれるが、フランスの国民戦線のマリーヌ・ルペン党首がこれに言及している。ルペンは二〇一五年九月に「フランス国民の行動が皆無なら、私たちが被《こうむ》っている人口移動の侵略は四世紀のそれに何ら劣らず、同じ結果をもたらすだろう」と述べている（二〇一五年九月一五日付 Le Point）。

こうした主張は「外国人嫌い（xenophobia）」や「イスラム嫌い（Islamophobia）」を煽《あお》るものだとして、知識人やメディアから批判されることが多い。だが、蛮族の侵略の見立てには「扇動的」と切り捨てることのできない欧州の憂慮があるように思われる。

扇動的と言うなら、その種の言動がイスラム圏にもあることに言及しなければ公平ではない。エルサレムにあるモスクのイマームは欧州での難民問題と絡め、イスラム教徒は「産んで（欧州を）征服せよ」と礼拝で説いた。「欧州は古くて老いぼれ、人間の補強を必要としている。私たちイスラム教徒の人の力以上に強い力はない」とこの人物は述べる（二〇一五年九月一九日付 The Times of Israel）。扇動的なイスラムの指導者は今や多く存在する。むろん全員ではないが、イスラム教徒の側も「西洋嫌い」の感情とは無縁ではない。相互感情を深く見たとき、因縁にも似た両者の関係が見えてくる。

フランスに限らず、欧州諸国は多文化主義（multiculturalism）の実現を目指してきた。多文化主義は宗教のみならず、民族や性、性的指向、年齢を含めたさまざまな「文化」の多様性を尊重しようというものだが、イスラムとの関係で困難が際立っている。欧州が望むような形でイスラム教徒を社会に同化できると過信したのだろう。その過信は厳しい現実に向き合っている。フランスの場合、大まかな構図は次のように描ける。

移民政策の導入とともにイスラムという異なる文化をもつ人たちが社会に入ってきた。しかし、キリスト教社会から来た移民や難民とは違い、イスラムを背景にもつ人々はなかなか社会に溶け込んでくれず、受け入れ国のことを理解してくれない——。受け入れ側の人々はそう感じるようになる。

異文化とされる側の人たちにも言い分がある。都合よく労働力として招かれ、要らなくなったら「帰れ」と言われる。残ってはみたものの、差別がやまず、続く世代も不利な条件のなかで生きていかざるをえない。公立学校でイスラムのスカーフをかぶることさえも許されない。「多文化主義」は看板だけである。ならばと、自分たちのコミュニティで結束を固め、メインストリームとは異なる並立社会を作り、生きていく。

両者の不満が解消されないなか、メインストリームの側では自らの文化が侵食されることへの懸念が高まる。他方で、周辺に追いやられたイスラム教徒、特に二世以降の者たちも不満を募らせる。社会からの疎外、若年層の不良化ともあいまって、メインストリームへの対抗意識が先鋭化する。

結婚しなければ程好い友達でいられたものを、結婚したばかりに不幸になった。しかし、離婚できないだけに、険悪な同居状態が続いている、と言えるかもしれない。

鬱屈とした感情

欧州の憂鬱が晴れそうにないなか、イスラム化の潮流に抗《あらが》うかのように、インターネット上でカール・マルテルの名前が表れる。ウエルベックの『服従』にもマルテルへの言及がある。七三二年、フランク軍がウマイヤ朝のイスラム軍に勝ったトゥール・ポワティエ間の戦いの立役者であり、カール大帝（シャルルマーニュ）の祖父にあたる人物である。八世紀の人物が現代に浮上するのは欧州人の鬱屈《うっくつ》とした感情の表れだろう。

その感情の要因は複合的だと思われる。社会的な軋轢やサラフィ主義の蔓延、ホームグロウン・テロの多発など、人々が危機を実感する出来事がまずは考えられる。

テロもやむ気配がない。二〇一五年のフランスでの一連の事件に続いて、二〇一六年三月にはベルギーの首都ブリュッセルでもイスラムを標榜する同時多発テロ事件が起きた（犠牲者は三二人、重軽傷者は三〇〇人以上）。詳細は省くが、この事件もホームグロウン型のテロだった。ベルギーでのサラフィ主義の台頭は目覚ましい。人口比ではベルギーがＩＳの戦闘員の最大の供給源となっていた事実もある。イスラム教徒はブリュッセルの人口の三分の一

（統計によっては五分の一）を占めると言われるが、社会統合の失敗という点ではベルギーはフランスよりも憂慮される状況かもしれない。

欧州の憂鬱に話を戻せば、その一因は宗教人口のメガ・トレンドにもあるように思われる。将来的には世界のイスラム教徒の人口がキリスト教徒の人口を超えるとピュー・リサーチ・センターは予測する。二〇一〇年はキリスト教徒が二一・七億人であるのに比べてイスラム教徒は一六億人と少ないが、二〇五〇年にはキリスト教徒は二九・二億人、イスラム教徒は二七・六億人となり、両者の人口は接近する。また、二〇五〇年の欧州でのイスラム教徒の人口率は、移民を受け入れた場合は一〇・二％となり、受け入れない場合の八・四％よりも高くなる。

出生率や人口増加率はイスラム教徒のほうが非イスラム教徒よりも高い。事実、こうした現状を反映するかのように、欧州の都市で新生児の名前のランキングの上位に「モハメッド」が登場するといったニュースが伝えられる。

興味深いのは二一世紀後半の動向である。ピュー・リサーチ・センターによれば、現在の人口動態が続いた場合、二〇七〇年以降はイスラム教徒の人口がキリスト教徒の人口を抜いて、宗教人口では世界最大になると予測される。

中東とアフリカに囲まれる地理的空間のなかで、欧州に住む非イスラム教徒の人々が心理的な圧迫を感じたとしても不思議ではない。欧州人が唱えてきた多文化主義は、結局のところ欧州に緩やかなイスラム化をもたらすのである。イスラムを標榜するテロ事件が具体的な脅威を感じさせるなかで、人々は欧州の将来像に不安を抱き、自分たちが培ってきたものを守ろうとしているのではなかろうか。欧州の各地で見られる民族主義の台頭には、既存の政党政治への不満もさることながら、そうした力学も働いていると考えられる。

「イスラム嫌い」と難民の受け入れ

ここで焦点となるのが前述の「イスラム嫌い」とされる言動である。これにはイスラム主義を警戒するものに加えて、イスラム教徒との軋轢を訴えるものが多い。どの思想にも見られるように、行き過ぎた行動をともなうこともあるが、イスラムやその教徒を必ずしも否定するものではない。

フランスの人口学者、エマニュエル・トッドはイスラム嫌いを批判する論者だが、彼はドイツへの警戒心を隠さない。イスラム嫌いの大半はその種の警戒心にほかならない。しかし、ドイツ嫌いとは異なり、イスラム教徒との関連で問題を訴えることは差別的な発言と捉えられてしまい、冷静な議論が成り立たない。フランスでは人種差別は刑法上の処罰の対象だから、問題への言及はタブーとなる。批判の対象者は聖域となり、批判する側が断罪されてしまう。

蓄積する不満を一般のフランス人が示せる機会は、インターネットへの書き込みか、選挙での投票ぐらいしかなくなっていく。イスラム教徒の側からフランス社会を批判することは許されても、その逆は許されないから、非イスラム教徒の市民の不満は募る。その一方で、二〇一五年一月のシャルリ・エブド事件以降、フランスでイスラム嫌いの言説が公然化したとの見方もある。抑圧されていた感情がテロ事件で一気に解放されたのだろう。これによってフランスのイスラム教徒の社会統合が妨げられ、さらなる不和が生まれるとしたら、軋轢解消の機会はいよいよ遠のく。

フランスが世俗主義の旗を降ろし、イスラムに適応すれば、この悩みからは解放されるに違いない。ただし、それはもはや私たちの知るフランス共和国ではない。そのときは「フランス第六共和国」が始まっていることだろう。「破綻国家」と揶揄《やゆ》されるベルギーのように、フランスは多文化主義の限界に直面しながら、漂流を余儀なくされるのかもしれない。

こうした問題があるなかで、非正規移動者が一〇〇万人規模でEUに流入した。欧州とイスラムとの間にある複雑な関係を背景に、イスラム教徒の難民の受け入れに戸惑う欧州人は少なくない。目の前にすれば共感するかもしれないが、社会の骨格を変えかねない「脅威」と認識されてしまうのである。シリア難民についても、シリアでマイノリティであるキリスト教徒の難民を優先できるか否かという議論が一部にあった。実際、スロヴァキア政府はキリスト教徒に限定してシリア難民を受け入れる方針をとった。

ちなみに、スロヴァキアは中道左派の首相でさえも「スロヴァキアにイスラムの場所はない」（二〇一六年六月二一日付 The Washington Post）と公言する風土の国である。キリスト教を認めないサウジアラビア的発想の展開例とも言えるが、オスマン帝国の侵攻に苦しんだスロヴァキアの歴史を知れば、合点のいく発言である。

キリスト教徒の難民は、EU諸国にとって受け入れやすいとしても、世界全体から見れば少数である。イスラム圏の混乱で生じるのはイスラム教徒の難民である。現代の難民問題は、イスラム教徒を受け入れるか否かを必然的に問うことになる。

5　問題の新たな展開

選挙で問われる難民政策

近年、欧州でおこなわれた選挙では難民・移民が争点となっており、その投票結果は人々の率直な気持ちを反映する傾向にある。いくつかの選挙結果にふれる前に、まずはその背景を整理してみたい。

すでに見たように、難民申請者や移民二世が関与した事件が目の前で次々と起きる。安全を脅かす事件だけではない。難民を寛大に受け入れてきたものの、社会統合が進まず、並立社会が生まれてしまう。次第に人々は難民や移民の受け入れに対して戸惑いを覚えるようになる。他方で、東欧・中欧諸国の場合はやや背景が異なる。

これらの国々はイスラム圏とは断絶されて社会を築いてきた。特に中欧諸国はオスマン帝国に対する防波堤を担った過去がある。そうした文化的背景を顧《かえり》みることなく、EUを牽引する一部の大国が東欧・中欧諸国に対しても難民の受け入れを求めたのだから、別の意味で厳しい反応を招いた。

EUによる難民申請者の移転計画への反発が強かったポーランドでは、二〇一五年一〇月の総選挙でこの問題が争点化された。勝因はそれだけではないが、移転計画への反対を明確にした民族主義政党「法と正義」が勝利を収めている。その他の右派政党も票を伸ばした。

二〇一六年三月におこなわれたドイツの地方選挙は、二〇一七年に予定される総選挙を前に、メルケル首相の難民受け入れ政策に対する世論の動向を占うものとなった。バーデン・ヴュルテンベルク州、ラインラント・プファルツ州、ザクセン・アンハルト州で州議会選挙がおこなわれ、民族主義政党「ドイツのための選択肢」が躍進する結果となった。この政党は政治団体「西洋のイスラム化に反対する欧州愛国者（PEGIDA）」の支持層との重複も指摘されている。地方選挙の結果については、メルケル首相が進めた無節操な難民政策を含め、既成政党に対する「警告」の意味があったとする見方がある。適切な分析だろう。

さらに、二〇一六年五月にオーストリアでおこなわれた大統領選挙では、民族主義政党のオーストリア自由党の候補は左派の緑の党の候補に敗れたものの、四九・六五％の票を得る接戦となった。二〇一五年一〇月におこなわれた首都ウィーンの市議会選挙でもオーストリア自由党が票を伸ばしている。かつて同党はネオ・ナチの党首が率いていたが、現在では対EUや移民政策を含め、既存の諸政策への批判票の受け皿となっている。

なお、ポーランドの政権与党である「法と正義」をはじめ、ここで取り上げた政党は一般的に「ポピュリスト（大衆主義）政党」と呼ばれる。そのとおりだが、既存の政党政治にもポピュリズムの要素が多分にあるのに、一部の政党のみを「ポピュリスト」とするのは公平性を欠く。本書では中立的に「民族主義政党」と呼ぶことにしたい。

「移民排斥」の意味

前述した民族主義政党は「極右」とも呼ばれ、「移民排斥を訴える政党」と形容されることが多い。「移民排斥」は英語で言うなら anti-immigration（反移民）となる。概して否定的なものとして論じられる。ただ、細かく見れば、排斥的とされる考えにはいくつものパターンがある。すでにいる移民や難民との共存の難しさを訴えるものから、そこからさらに進んで追い出しを求めるもの、または既存の移民や難民とは共存を試みるが、新規の受け入れには慎重、あるいは強く反対するといったものまで、さまざまである（「親ユダヤだが反イスラム」といったパターンもあるが、ここでは深入りしない）。

そうした多様な考えが一つの言説として括《くく》られたり、メディアによって画一的に報じられることもあって、細かな議論は成立しない。唱える者のなかには過激な表現を用いたり、暴力に訴えたりする者もいるから、極論として受け止められやすい。しかし、単に「憎悪」や「右傾化」のラベリングで片付けてしまうと、世論の背景を読みとれないばかりか、健全な議論さえも遠ざけてしまいかねない。

排斥の意味も冷静に考える必要がある。一見したところ、拒絶よりも共生のほうが美しい。けれども、拒絶は優れて人間的な営為と見ることもできる。人間は何かを受け入れたり、拒んだりすることによって、社会的境界を確定する。大学の入学試験やアカデミズムはその典型である。社説では包摂の美徳を説く新聞社でも同様だと思われる。社会やコミュニティにおいて誰をメンバー（成員）にするかを問うとき、拒否という判断が起こりうる。

それは国家という次元でも同じである。特に西欧諸国では多文化共生を試みたものの、行き詰まりを経験している。そうしたなか、グローバル化やグローバル主義の一端として、難民や移民をめぐる問題が目の前で展開する。欧州に住む人々は、選挙を通じて現状への懸念を示し、国家の成員資格やコミュニティの境界線を問い直そうとしているのだろう。外国人との共存の限界、あるいは流入への不安を訴える声も、国民から示された一つの民意に変わりはない。既存の政党がそうした声を十分に汲み取れていないために、新興の政党がその代弁者とも利用者ともなり、勢力を伸ばしているのである。

別の見方も可能である。欧州統合にも懐疑的な民族主義政党だが、その台頭には欧州の「覚醒」を見いだせる。ベルギーの歴史家、アンリ・ピレンヌは、八世紀のイスラムによる征服の試みが欧州の誕生を促したと説明した。「モハメッドなくしてシャルルマーニュなし」の言葉が有名である。その説を現代の文脈で言い直すなら、欧州でのイスラムの顕在化こそが欧州人の危機感、そして自己認識(アイデンティティ)を促したことになる。ただし、EUは受け皿になっていないから、国家や民族がその代わりとなり、それと同時に欧州統合の動きは後退することになる。

山積する問題

二〇一五年、一〇〇万人規模の非正規移動者の流入に遭遇したEUだが、二〇一六年以降も問題は山積みの状態である。同年六月時点での問題を整理すると次のようになる。

①難民申請（再審申請の事案も含めて）の処理
②難民不認定の場合の強制送還
③難民不認定者で、刑事案件の対象となった者への対応
④一六万人の非正規移動者の移転計画の実施
⑤ＥＵ内の国境封鎖にともなう前線国、特にギリシャでの滞留者の扱い
⑥ＥＵ域外（トルコを含む）からの難民の再定住
⑦難民認定された人々の社会統合
⑧難民の家族の呼び寄せ（その是非や範囲の決定を含めて）
⑨ＥＵ域内に新たに流入した非正規移動者への対応（収容施設での対応など）
⑩ダブリン規則の改定
⑪ＦＲＯＮＴＥＸの改組
⑫トルコとの合意の履行
⑬海上での非正規移動者への対応（二〇一六年三月以降のリビアからの密航について）
⑭加盟国内の市民感情とＥＵ内での合意形成
⑮中東・アフリカ諸国での難民と国内避難民に対する支援（根本原因への対応としても）
ここですべてを詳細に扱うことはできないので、いくつかにポイントを絞りたい。

まず難民申請の審査は、各国の審査機関が迅速に、しかし地道におこなっていくしかない。前述のとおり、二〇一五年にEU域内でおこなわれた難民申請は一三二万一六〇〇件（再審申請を含む）に上った。二〇一四年には六二万六九六〇件の難民申請（再審申請を含む）だったから、EUレベルでは倍増している。

二〇一五年、EU諸国は初審で五九万二八四五件について判定をおこない、三〇万七六二〇件の難民認定（補完的保護を含む）を出している。再審では一八万二七〇五件の判定のうち、二万五七三〇件の難民認定（補完的保護を含む）となっている。ちなみに、国内にさまざまな問題を抱えるフランスも、二〇一五年、初審と再審を合わせて二万六〇一五件を難民認定している（そのうちシリア人は三二一〇件、イラク人は二七六〇件）。

こうして難民認定された人々の定住支援も重要課題である。巨額の予算が必要になると思われるが、EU諸国は難民として認定した以上、雇用や教育の諸政策を通じて難民の社会統合を推進していかざるをえない。社会統合の失敗はさらなる軋轢をもたらしかねない。

二〇一五年の一三二万件の難民申請に話を戻せば、EU諸国は二〇一六年以降も未処理事案や再審も含め、膨大な数の事案を処理していくことになる。例えば、ドイツでは二〇一五年、新規に四四万一八〇〇件の申請があった。再審申請を含めれば四七万六五一〇件である。同年、ドイツでは初審で二四万九二八〇件、再審で九万三八四〇件を判定している。圧巻の処理数だが、それでも申請数の規模には追いついていない。

量的にも質的にも複雑な諸問題

不認定の事案については、再審の申請がなされ、場合によっては裁判所に持ち込まれることもある。失踪するような者もいるだろうし、本国に強制的に送還するとしても、行政担当者は「修羅場」を覚悟しなければならない。現に二〇一六年二月、ドイツでは一三万人が失踪したと伝えられた。飛行機に搭乗させる際、不認定者が暴れたり、官憲が強制力を執行したりする場面も想像できる。また、実際にパキスタンの事例があるが、本国政府が非正規移動者の引き取りを拒否することもある。戦争犯罪者や過激派組織と接点をもつ者がいた場合は、司法による対応が必要となる。

不認定の規模も問題となる。二〇一五年のドイツでの難民認定を例に挙げて考えたい。前述の初審での二四万九二八〇件の判定数のうち、一四万九一〇人が難民認定（補完的保護を含む）を受け、一〇万八三七〇人が不認定となっている。難民認定率は初審では五七％だが、再審では八％と低くなる。問題となるのが初審で不認定とされた人たちである。再審に移るとしても、再審での認定率八％を当てはめれば、一〇万人近くが不認定となる。

二〇一五年に決定された一六万人の移転計画も残されている。この計画は低調な実施件数のままであり、「失敗した計画」と報じられることが多い。この件をめぐって欧州司法裁判所に提訴したスロヴァキア政府が二〇一六年後半にEU議長国を務める予定だから、計画が進展するとは考えづらい。二〇一六年に入ってからギリシャで足止めされている非正規移動者が移転される見通しも不透明だ。

他方で、EUは二〇一五年七月の法務・内務閣僚理事会で、EU域外で保護を必要とする難民の再定住を二万二五〇四人の規模で決定した（ノルウェー、リヒテンシュタイン、スイスも再定住先に含まれる）。これに後述する二〇一六年三月の合意を受けてのトルコからの難民の再定住が加わることになる。

欧州委員会の資料によれば、二万二五〇四人の再定住枠のうち、二〇一六年五月までに実現したのは六一五五人である。再定住先は上位からイギリス（一八六四人）、オーストリア（一四四三人）、デンマーク（四八一人）となっている。これらの国々は、非正規移動者に対して厳しい姿勢を示しながらも、再定住で対応しようとしたのだろうが、厳しい措置のほうが世界に伝わる結果となっている。現実的に考えれば、難民の受け入れ機運が低調になるなかで、再定住の実現数の大幅な増加は見込めそうにない。

二〇一六年に入ってからもEUへの非正規移動者の流れは続き、同年一月から六月末までの間にギリシャでは一五万八一五九人、イタリアでは六万四〇五六人、スペインでは一三五二人が記録されている（ＵＮＨＣＲによる）。ただ、同年三月以降、ギリシャ・ルートは小康状態にある。今後は中央地中海ルートの非正規移動が焦点となる可能性が高い。

ＮＡＴＯの関与

問題が山積するなか、非正規移動者の流入に対応するため、より強固な手段で密航を取り締まろうとする動きが浮上した。

白羽の矢が立ったのが、欧州安全保障の要となってきたＮＡＴＯである。アメリカとカナダの北米二カ国、トルコも含めてＮＡＴＯ加盟国は計二八カ国。ＥＵ加盟国とは完全には一致しないが、多くは重なり合う。トルコが加盟国という点でも適切な枠組みだろう。

前述のとおり、すでに二〇一三年からイタリア海軍が地中海に展開していたが、密航業者の取り締まりよりも海難救助に携わっていた。これを引き継ぐ形で二〇一四年一一月に開始されたＦＲＯＮＴＥＸのトリトン作戦も同様だった。

ＮＡＴＯの活用が本格的に検討されていくのは二〇一五年以降のことだった。二〇一五年五月、ＥＵ理事会は「地中海中南部におけるＥＵ軍事作戦（ＥＵＮＡＶＦＯＲ ＭＥＤ）」の実施を決定した。「ソフィア」が作戦名である。密航船および密航業者が用いる資産の特定と捕獲、破棄が想定されていた。ＮＡＴＯの役割は明示されていなかったが、ＮＡＴＯのストルテンベルグ事務総長はEUからの要請を待つと応じていた。

同年一〇月には国連安保理の決議が得られた。この決議は、密航業と人身取引を非難しつつ、関係国に対してリビア沖の公海でリビアからの密航船を臨検、拿捕《だほ》することを許可する内容だった。破棄を含めた行動は国際法に従っておこなわれるとしている。しかし、安保理決議を受けてNATOの作戦が即座にリビアで実施された形跡はない。前述のソフィア作戦も公海での海難救助活動にとどまっていた（二〇一五年に九〇〇〇人を救助している）。

二〇一六年二月、ドイツ、ギリシャ、トルコからの提案を受けて、NATOの防衛大臣会議は海上部隊の展開を承認する。NATOの枠内で艦船がエーゲ海に展開するのはそれ以降のことである。同年五月の時点でドイツ、オランダ、イギリス、ギリシャ、トルコの艦船がこの海域で偵察やパトロールをおこなっているが、密航船の破棄には携わっていない。

なお、同月に開かれたNATO外務大臣会議では、リビアからの密航を念頭に、地中海で艦船を展開することも検討された。計画の全容は不明だが、エーゲ海での展開と同様の効果が期待されているようである。

EUとトルコの取引

欧州に押し寄せる非正規移動者が「歓迎されざる客」となり、EUは現実的な対応に舵《かじ》を切った。欧州の問題の鍵を握るプレーヤーとして登場したのがトルコだった。

二〇一六年三月一八日、EUとトルコの首脳会議で非正規移動者をめぐる合意が成立した。合意の結果、同月二〇日以降にトルコからギリシャに渡った非正規移動者はトルコに送還されることになった。その代わりにEUはトルコにいる難民のEUへの再定住とトルコでの難民支援、さらにはトルコ人に対するビザの発給要件の緩和を約束した。トルコにとって懸案だったEU加盟に向けた交渉の加速も決まった。まさに取引だった。

しかし、トルコとの合意を批判する声は少なくない。EUがノン・ルフールマンの原則を覆そうとするのだから、難民条約を擁護する立場からすれば由々しき事態である（EU自身、リスボン条約やダブリン規則でこの原則の遵守を謳っている）。EUにおいて難民審査や難民申請者の送還の判断をする際、出身国や経由国が「安全な国」であるか否かが一つの基準となってきた。つまり、生命に危険が及ぶと考えられる国には送還できない。これまでのEUの高い基準に照らせば、トルコが完全に安全とは言いがたい。トルコの治安状況もさることながら、難民申請者がトルコから本国に送還される可能性が高まるからである。

そのトルコにとって合意は悪くない内容だった。EU加盟は得られなかったが、苦境にあるEUに頭を下げて加えてもらう必要もない。膨大なアキ・コミュノテールの国内法化も面倒な作業である。ビザの発給要件の緩和や財政支援という実利が得られるなら、上々の取引である。

EUとトルコの合意を受けて、ギリシャに入った非正規移動者がトルコに送還され始めた。この計画に反対して、UNHCRに加えてセーブ・ザ・チルドレンや国境なき医師団（MSF）といったNGOがレスヴォス島での活動から撤退することを決定した。立場上、送還という「薄汚れた」仕事には関与できないのである。

ただ、ギリシャとトルコがこの手の仕事を引き受けてくれるからこそ、EUは救われ、難民保護の体制を保つことも可能となる。毎年一〇〇万人規模で非正規移動者がEUに流れ込むとしたら、収容施設の建設のみならず、難民認定（再審や裁判を含む）から社会統合まで、すべての場面で細やかな対応をとるのは困難となってしまう。財政も破綻するだろう。難民受け入れへの反発が反EUの機運を引き起こしているにもかかわらず、非正規移動者にこれまでどおりの対応をとったとしたら、EUそのものが瓦解しかねない。

合意の効果はあったと見られる。反動としてリビアからイタリアへの流入が増えたが、トルコからギリシャに流入する非正規移動者は激減した。トゥスク欧州理事会議長はこの点について、「われわれの戦略が機能している」との見方を示した（二〇一六年五月二六日付時事通信）。

前述のとおり、二〇一五年七月のEU法務・内務閣僚理事会でEU域外からの難民の再定住がすでに決定していた。その流れを汲む形で、EUとトルコの合意では、トルコに送還される非正規移動者一人につきトルコにいる難民一人をEUが引き受けることが決まった。欧州委員会の資料によると、二〇一六年の四月四日から六月一〇日までの期間でトルコから五一一人の再定住が実現している。

トルコからの非正規移動者の波が収まると、欧州の側からはトルコに約束したビザの緩和に条件をつける意見も出てきた。二〇一六年六月にはドイツの下院がオスマン帝国時代のアルメニア人の「虐殺」を認定する決議を採択し、これに抗してトルコはドイツ駐在の大使を召還した。また、同月、ギリシャの行政不服委員会は「トルコは安全ではない」として、ギリシャ国内にいる非正規移動者のトルコへの送還の差し止めを求める判定をおこなっている。

EUとトルコの合意の履行にとって好条件が揃っているわけではなく、流動的な環境のなかで推移していくものと思われる。

欧州の事例が示唆するもの

非正規移動者の到来ばかりか、人口動態の変化やサラフィ主義の台頭を目前にして、欧州の憂鬱は晴れそうにない。西欧の列強による帝国主義の過去を知れば、欧州を襲う諸々の出来事は「歴史の逆襲」と見ることができるのかもしれないが、今の欧州人に罪はない。

非正規移動者の危機を機にEUは形骸化し、かつて語られた「西洋の没落」が現実味を帯びるのだろうか。仮にそうなれば、欧州各国が政治あるいは経済の領域で、ロシアや中国の草刈り場となるのは目に見えている。グローバル・ジハードも勢力を増すことだろう。欧州諸国に必要なのは、過度な統合主義を避けつつもEUの存在をまさに戦略的に活用していくことだが、弱体化したEUが有効な手段となるかは分からない。

市民の間でもEUへの否定的な見方は高まっている。仮にEUが非正規移動者の到来を妨げる砦となっていれば、EU懐疑論は少しは抑えられたかもしれない。しかし、そうはならなかった。そもそもEUが掲げてきた高い倫理性はそうした選択肢を許さなかっただろう。

非正規移動者をめぐるEUの対応においては、理想主義と政治下手が際立って見える。理想を唱えてきたEUの枠内で、二八カ国で合意を形成しようとするのだから無理もない。窮地に追い込まれて「汚れ仕事」に手をつけるという、優等生のいたわしい姿を目にするのである。近世イタリアに生きた思想家、ニッコロ・マキアヴェリは冷徹な政治思想で有名だが、現代欧州の政治家はいざ人権や人道が絡むとマキアヴェリ的にはなれなくなる。

人権思想のみならず、難民・移民政策、国境の撤廃のいずれも欧州自身の所産である。どれも過剰だったのだろう。自縄自縛《じじょうじばく》から逃れられず、難民問題で苦悩する欧州の姿は日本に示唆を与えるものである。

第4章　慎重な日本

1　難民政策の実情

無縁ではなかった日本

難民や移民の受け入れとは縁遠く思える日本だが、実はそうでもない。かなり遠い昔まで遡れば、日本にはシベリアや中国大陸、東南アジアからさまざまな人が到達した。日本列島は人口移動の終着地だった。縄文人や弥生人といった日本人の原型は、いろいろな土地からやってきた移民とその子孫にほかならない。だからといって、日本が際限なく外国人を受け入れるべきという議論にはならないが、少なくとも他民族への侮蔑的な言動を思いとどまらせる史実だろう。

七世紀の朝鮮半島からの遺民については第1章でふれたので、ここでは繰り返さない。第二次世界大戦以前に難民を受け入れた事実が語られることは少ないが、皆無ではない。どちらかというと、政治家や独立運動の闘士といった人物を、時の日本政府の都合に合わせて受け入れていた。そのなかの一人が辛亥《しんがい》革命の立役者である孫文《そんぶん》だった。

数多い無名の人々ということであれば、ロシア革命を逃れた人たちも日本に来ている。その一人が洋菓子店を開いたフョードル・ドミトリエヴィチ・モロゾフである。特に神戸にやってきた白系ロシア人は多く、同地には三〇〇人ほどのコミュニティがあったと言われる。海外で難民に対する便宜を図った例だが、先述のとおり、第二次世界大戦中、日本人外交官の杉原千畝がユダヤ難民に日本通過のビザを発給している。「命のビザ」を得た人々がシベリア経由で福井県の敦賀《つるが》にたどり着き、地元住民によって温かく迎えられたエピソードが伝えられている。

一方で、第二次世界大戦を通して日本人の難民化現象が起きた。国内における疎開にはじまり、空襲からの避難や罹災《りさい》後の仮住まい、旧植民地からの大量の引き揚げは、数多くの日本人が経験したところである。

加えて、朝鮮半島の植民地化を通じて多くの朝鮮人が日本に到来した。移動における強制性の有無や範囲については激しい論争がある。第二次世界大戦が終わった時点で日本国内にはおよそ二〇〇万人の朝鮮人が居住していた。朝鮮半島へ引き揚げる者が多くいた一方で、五〇万人ほどが日本に残留した。残留を希望した者もいたと思われるが、朝鮮半島の混乱を受けて帰還が不可能になった者は「その場で難民となった者（refugee *sur place*）」と言える。

他方で、朝鮮戦争以前の一九四八年四月に半島南端部の済州島《チェジュ》で「四・三事件」が起きており、数万人の住民が韓国軍に虐殺されている。事件後、多数の密航者が済州島から日本に渡った。彼らはその後、日本において特別永住資格を得ることになる。

「ボートピープル」の到来

日本が国際社会に復帰するのは、一九五一年九月のサンフランシスコ講和会議を経てのことである。一九五六年一二月には国連に加盟を果たしている。その後、日本は国連中心主義を外交の柱に据え、世界との共存を意識した外交政策を進めてきた。

その一方で、難民を積極的に受け入れる機会はなかった。難民条約への加入の検討はなされたものの、政情不安の国に囲まれた日本が加入することは非現実的として見送られてきた。韓国のキム・デジュン（金大中）など、政治亡命者が皆無だったわけではないが、その場合は特別に在留資格を与えるなど、ケースバイケースで対応してきた。

難民政策に変化が生じるのは一九七〇年代後半のことだった。インドシナ半島の政情不安を受けて大量の難民が流出した。一九七五年はインドシナ半島にとって激動の年だった。四月、カンボジア共産党、別名、クメール・ルージュがカンボジアで政権を確立し、それ以降、一七〇万人もの人が虐殺の犠牲となった。同月、北ベトナムの政権が南ベトナムの政権を崩壊に追いやり、南ベトナムの首都サイゴンが陥落した。一二月にはラオスで王政が廃され、社会主義の政権が樹立する。

混乱に見舞われたベトナムとカンボジア、ラオスの三カ国からは、迫害や住みづらさを逃れて多くの人が流出した。その数は一四四万人とも言われる。彼らはマレーシア、シンガポール、フィリピンなどの近隣諸国に漂着したり、隣国のタイに陸路でたどり着いたりした。なかには韓国や日本にまで到来する者もいた。陸路で逃れた人たちは「ランドピープル」、海路で逃れた人たちは「ボートピープル」とそれぞれ呼ばれた。

一九七五年五月、米国船に救助されたベトナム人九人が千葉港に上陸した。同月、二隻の外国籍船に救助されたベトナム人九人が横浜港と那覇港に上陸している。この年のうちに合計九隻一二六人が日本に上陸した。その後、日本に到達したインドシナ三カ国からの非正規移動者は増える一方だったが、全員が日本での滞在を希望したわけではなかった。ただ、多くの非正規移動者が親族のいるアメリカなどに渡っていくなかで、日本で一定の期間、滞在する者も増え、日本に住み着く者もいた。

当初は水難者として「水難上陸許可」と「一時保護」が与えられた。しかし、人数の増加にともない、定住を認める方向で調整が図られた。一九七八年四月にはベトナム難民の定住許可が閣議で了解され、一時滞在者に対して定住が許可された。

大きく展開していくのは、東京でG7サミットが開かれた一九七九年のことである。サミットに合わせるかのように、同年四月には五〇〇人の定住枠が設定され、その後、定住支援のための「難民事業本部」が発足した（外務省の外郭団体とされ、本部は東京の港区南麻布に置かれた）。この時期にインドシナ難民の受け入れが進んだ背景としては、流入の規模が大きくなっていたことに加え、サミットという政治イベントが待ち受けていたこと、アメリカをはじめとした自由主義陣営と連携することなど、さまざまな要因があったと考えられる。

政策の推移

日本は一九八一年一〇月に難民条約に加入し、翌一九八二年一月には難民の地位に関する議定書に加入する。条約加入を受けて、これまでの出入国管理法を改定し、「出入国管理及び難民認定法」（以下、便宜的に「入管法」と略す）と衣替えをした法律が一九八二年一月に施行された。入国管理を管轄する法務省が難民認定の審査をおこなうこととなった。

一九八〇年代はインドシナ半島三ヵ国からの難民の受け入れが主流だった。入管法にもとづいて難民認定制度が設けられ、受け入れたインドシナ難民のなかで迫害の恐怖を有する者は入管法で難民として認定していた。しかし、インドシナからの非正規移動者のなかに次第に難民性の低い者や、出稼ぎ目的の中国人が紛れ込むといった事態が生じ、政府は一九九四年三月以降に到着した者については退去強制の処分に付している。

インドシナ難民の定住許可数は合計一万一三一九人（一九七八年から二〇〇五年まで）である（表4－1）。そのうち一四〇七人が日本に帰化している（二〇一四年三月時点、難民事業本部による）。以前、筆者は定住者たちから話を聞く機会があったが、来日して以来、それぞれに懸命に努力をしてきたようである。一九八〇年代の好景気とも重なり、正規、非正規を含め、雇用機会はその後のデフレ期よりも多かったと思われる。社会統合の成功例は数多い。ベトナム料理店を経営しているベトナム出身者や精機製作所の専務取締役を務めたラオス出身者もいる。

他方で、社会統合が難しかった側面もある。貧困化の結果だと考えられるが、生活保護を受けている者が多かったことなどが指摘されている。生活保護受給率に関しては、一九八四年で一一・四％という調査結果がある（調査対象者は一七〇七人、『我が国におけるインドシナ難民の定住実態調査報告』）。一九九二年の調査では五・七％に減っている（調査対象者は三八四人、『インドシナ難民の定住状況調査報告』）。直近の数値は不明だが、受け入れた後に一定数

表4－1　日本における難民受け入れの状況（単位：人）

年	申請数	条約難民	人道配慮	定住難民	合計
1978				3	3
1979				94	94
1980				396	396
1981				1,203	1,203
1982	530	67		456	523
1983	44	63		675	738
1984	62	31		979	1,010
1985	29	10		730	740
1986	54	3		306	309
1987	48	6		579	585
1988	47	12		500	512
1989	50	2		461	463
1990	32	2		734	736
1991	42	1	7	780	788
1992	68	3	2	792	797
1993	50	6	3	558	567
1994	73	1	9	456	466
1995	52	2	3	231	236
1996	147	1	3	151	155
1997	242	1	3	157	161
1998	133	16	42	132	190
1999	260	16	44	158	218
2000	216	22	36	135	193
2001	353	26	67	131	224
2002	250	14	40	144	198
2003	336	10	16	146	172
2004	426	15	9	144	168
2005	384	46	97	88	231
2006	954	34	53		87
2007	816	41	88		129
2008	1,599	57	360		417
2009	1,388	30	501		531
2010	1,202	39	363	27	429
2011	1,867	21	248	18	287
2012	2,545	18	112	0	130
2013	3,260	6	151	18	175
2014	5,000	11	110	23	144
2015	7,586	27	79	19	125
合計	30,145	660	2,446	11,424	14,530

注：法務省入国管理局「我が国における難民庇護の状況等」（「平成27年における難民認定者数等について」の添付資料）を基に作成。条約難民の認定数は再審を含む。定住難民については、2010年からは第三国定住難民を指す。

の生活保護受給者が生じたのは事実である。

一九九〇年代に入ると、ベトナムやカンボジア、ラオスからの脱出の動きは以前ほどではなくなった。偽装難民の増加とあいまって、これらの国の出身者が難民と認定されることは少なくなる。他方で、ミャンマーやトルコなどの国からの難民申請者が増えた。けれども一九九〇年代を通じて、法務省は申請者を難民と認定することには慎重で、少ないときで年間一人、多いときで年間一六人という認定数だった（表4－1）。

「瀋陽事件」以降の動向

その後、二〇〇二年にいわゆる「瀋陽《しんよう》事件」が起きた。この事件を契機として、日本の難民政策に変化が生じる。

中国東北部の遼寧《りょうねい》省の省都、瀋陽には、北朝鮮から逃れた脱北者が多く住む。脱北者たちのなかには中国に住み続ける人もいれば、第三国に渡り、その後、韓国に移り住む人たちもいる。事件は二〇〇二年五月に発生した。瀋陽の日本総領事館に駆け込もうとした脱北者の一家は、領事館を警備していた中国の官憲によって阻止された。その様子に日本国内の世論は衝撃を受ける。

瀋陽事件を受けて、日本国内で難民受け入れに関する議論が巻き起こった。日本の難民行政は閉鎖的だとして、改善を求める声が高まった。その結果、二〇〇五年五月に改定入管法が施行され、①いわゆる「六〇日ルール」の撤廃、②難民審査参与員制度の導入、③難民認定申請者への在留資格（名目は「特定活動」）の付与といった改革がなされた。

六〇日ルールは、難民認定の申請は入国後六〇日以内にしなければならないというものだったが、制度を知らない申請者にとっては不利との理由で廃止された。難民審査参与員（以下、参与員）制度は、難民認定の過程に客観性を与えるためのものである。在留資格の付与は難民申請者の生活を安定させようという措置である。

こうした制度改革は二〇〇五年以降の認定数に変化をもたらしたが、劇的な転換を意味するものではなく、政府の慎重姿勢に変わりはない。

一九八二年に日本が難民認定制度を始めてから二〇一五年まで、難民条約にもとづく難民認定数は六六〇人である（インドシナ難民であって、難民条約にもとづき難民と認定された者を含む）。他の先進諸国と比べて数は少ない（アメリカの認定数は二〇〇〇年から二〇一四年まで三三万二一四六件である）。

もっとも、日本は一九七〇年代から一九八〇年代にかけてインドシナ難民を一万人規模で受け入れている。後述する人道配慮という形でも二〇一五年までに計二四四六人に保護を与えている。加えて、第二次世界大戦後、済州島からの密航者や、日本において難民化した朝鮮人・韓国人を受け入れた経緯もある。日本が難民に対して開放的であるとは言えないとしても、これまでの経緯を考えると、常に閉鎖的だったとは言えないだろう。

第三国定住難民の受け入れ

二〇一〇年からは第三国定住難民の受け入れが始まった。二〇〇七年頃からUNHCR駐日事務所が働きかけ、これに法務省が前向きに応じたことで計画が進展した。二〇〇八年一二月の閣議了解で計画が正式に決定した。

二〇一五年までの時点で総計一〇五人の第三国定住難民を受け入れている。内閣官房にある難民対策連絡調整会議が総合的な窓口となり、前述の難民事業本部が実施機関となっている。タイにいるミャンマー難民を対象に、毎年三〇人を三年にわたって受け入れるという暫定的な計画だったが、集まらなかった年もあった。計画は延長され、二〇一五年度以降はマレーシアにいるミャンマー難民を対象に続けられることとなった。

以前、筆者は埼玉県三郷《みさと》市で第三国定住難民が日本語の授業を受けている様子を視察する機会があった。教室は難民たちが仕事に行かない日曜日に開かれていた。手弁当で会場設営を手伝う市職員の姿もあった。印象的だったのは難民たちの表情が明るかったことである。谷川俊太郎の詩「生きる」を全員で朗読した。市民もボランティアで参加し、和気あいあいとした雰囲気だった。

ただ、現実的な話をするなら、政府が第三国定住難民の受け入れを決定したものの、実際の社会統合は自治体や民間団体に委ねられている。三郷市の事情は知らないが、受け入れ先となる地方自治体への負担は小さくない。

経済合理性で言えば、得られる実利に比べれば、数十人の単純労働者を日本に導入するためのコストははるかに大きい。労働力として期待できる部分は皆無ではないが、むしろ国際協調主義の結晶として捉えるべきなのだろう。未来永劫《えいごう》続ける事業ではないとしても、温かい目で第三国定住難民の社会統合を見守っていくのが良いと思われる。

世論の動向と難民認定数

日本は難民の受け入れに閉鎖的であると批判されることが多い。政府ばかりか、世論も積極的とは言えない。いくつかの調査結果を見ていきたい。

『朝日新聞』が二〇一五年一二月におこなった世論調査では、「日本が積極的に難民を受け入れたほうが良いと思うか」との問いに肯定的に回答した人は二四%にとどまり、否定的な回答が五八%に達した。二〇一六年二月の産経・FNN世論調査でも「日本が移民や難民を大規模に受け入れること」については賛成二〇・二%、反対六八・九%となっている。

他方で、二〇一五年九月に『日本経済新聞』が電子版読者を対象におこなった調査では、「難民申請の中身を精査して一部を受け入れるべきだ」が五二・四％、「全面的に受け入れるべきだ」が一一・七％という結果が出た。「資金支援にとどめるべきだ」は二二・八％、「一切受け入れるべきではない」は一〇・五％だった。

インターネットでの調査も参考までに見てみよう。ヤフー・ニュースの二〇一五年九月の意識調査も「受け入れ人数を増やした方がいい」は一九・九％、「このままでいい」が三六・八％、「受け入れ人数を減らした方がいい」が四三・三％という結果だった。

積極的な意見もたしかに存在する一方で、世論・意識調査からは難民の受け入れに関して慎重な国民の姿が浮かび上がってくる。前述の『日本経済新聞』の調査を除けば共通した傾向と言えるだろう。

世論の趨勢《すうせい》は政府の対応にも反映されているのかもしれない。二〇一五年を例にとれば、七五八六人の申請者に対して、法務省が条約難民として認定した数は二七人（再審を含む）である。「難民」とは認めないが、在留特別許可が出される人道配慮（「在留配慮」とも言い、国際的な用語で言えば「補完的保護」）となったのは七九人。ただ、「難民」だけに着目すれば難民認定率は〇・三五％であり、統計上、低い認定率に見えることは否めない。

こうした法務省の姿勢は好ましくないものとして語られる。

先述の世論調査を報じる『朝日新聞』(二〇一六年一月三〇日付)も二〇一五年の難民認定の実績について「難民認定数は前年より増えてはいるが、消極的な姿勢は変わらないようだ」と伝えている。特定非営利活動法人の難民支援協会もこの件に関して「認定者数が極めて少ない状況から改善の兆しが見えますが、十分とはいえません」と述べている。

伝わらない実情

たしかに数字だけを見れば「消極的」と映るが、より丁寧な説明が必要である。

筆者は二〇一三年四月から二〇一五年三月まで、法務省の難民審査参与員を務める機会があった。かつては日本の難民認定率の低さを批判的に見ていた時期もあった。しかし、参与員として実情を知るにつれ、法務省の姿勢は一概に批判できないと感じるようになった。

参与員の役割だが、不認定となった難民申請者から異議が申し立てられた際に、中立的な立場で難民認定に関する意見書を法務大臣に提出する。二〇一六年五月時点で八四人の参与員がいる。法曹関係者、元外交官、元報道関係者、大学教員などが多い。

参与員は三人で一班を構成し、異議申立者に対して「審尋《しんじん》」と呼ばれる面談をおこなう。東日本では法務省東京入国管理局が会場となる。審尋の末、参与員は通常、連名で法務大臣に意見書を提出する。大臣がつぶさに読むわけではないが、法務省を管轄する法務大臣を名宛人として意見書を提出する。最終決定は法務省が下す。

筆者は二年間で一〇〇人ほどの異議申立者を審査したが、偽装した難民申請者が大半だった。一般的だったのは就労目的の申請である。加えて、技能実習生（この制度は後述する）が在留期限が切れる前に申請をしたり、退去強制の処分を受けた者が退去強制から逃れるために申請をしたりといった事例も多くあった。虚偽申請の実態は、『読売新聞』による調査報道をはじめ、新聞でも報じられたとおりだ。

同じく参与員を務める吹浦忠正《ふきうらただまさ》（社会福祉法人さぽうと21理事長）は、三年間で「一人として難民認定すべきとの意見提出には至っていない」とし、「申請内容の不整合や書類の不備、事前の供述について本人が理解していない、明らかな出稼ぎ目的や退去強制逃れのための難民申請など、難民と思えない理由は枚挙に暇がない」とウェブ上で記している。

参与員には守秘義務があるので、具体的な事例は本書では記さず、報道で伝えられる事実を追認するだけにしたい。筆者が扱った範囲では、報道される以上に啞然《あぜん》とする事例がいくつもあったことを付記しておく。

法務省の姿勢に批判的なNGOや弁護士、研究者といった難民申請者の支援者たちは、難民性の高い申請者と接することはあっても、申請者の全体像を見る機会は少なかったと思われる。支援者たちには発信力があり、一部の報道機関が応援してくれることもある。「名指しして辱《はずかし》める（name and shame）」のは社会運動の常套《じょうとう》手段だが、名指しされた法務省には応援団もいなければ、言論空間への影響力もない。実情が伝わらなかったのにはこうした背景があったのではなかろうか。

偽装申請の問題

難民認定率の低さに関しては「審査基準が厳しいからだ」との反論があるかもしれない。それには一理あるが、基準を緩めたとしても、難民性のない場合は救済できない。筆者自身、異議申立者を慮《おもんぱか》って人道的な判断をおこない、在留配慮を求める意見書を個別に提出することがあった。それでも二年間で携わった約一〇〇件のうち五〜六件ほどだった。

実際のところ、二〇〇五年の法改定では難民申請者には在留資格が、次いで二〇一〇年の法改定で申請から六カ月後には就労する権利が与えられることになった。その影響もあって、就労を目当てに難民申請をおこなうケースが増えたと考えられる。

筆者が参与員を務めた二〇一五年三月までの状況について言えば、難民認定の申請さえすれば「特定活動」の在留資格が得られ、働くことも許される。帰国が迫った技能実習生も難民認定を申請すれば在留延長が可能となる。不認定となっても、異議申し立てを何度でもおこなえる。制度上可能なのだから、多くの人が「抜け穴」を利用するようになる。在留資格を取得したり、延長したりするための手段と認識されるようになったのだろう。難民申請者が難民性の低い人で占められ、公表される難民認定率も低くなったのは当然の帰結である。

結局のところ、難民認定制度は事実上の移民制度となっている。難民申請者の出身国を見ても、途上国や中進国から日本に向かう人口移動の流れと重なるところがある。

法務省の資料によると、二〇一五年の難民申請者の主な国籍は、上位からネパール、インドネシア、トルコ、ミャンマー、ベトナム、スリランカ、フィリピン、パキスタン、バングラデシュ、インドなどとなっている。個別に迫害を受けた事例が含まれるのかもしれないが、技能実習生の出身国を含め、比較的安全な国からの申請事例が多い。

たしかに申請さえすれば当面の在留資格が得られるのだから、難民認定や在留特別許可を得られなかった難民申請者で、一定の難民性がある者は救済されていると見ることもできる。しかし、難民申請の基準を緩和し、手厚い便宜を与えたために制度濫用が生じたことは否定できない。

現に難民認定制度の周辺でいくつかの事件が起きている。二〇一六年一月には、就労目的で難民申請をしたとされる北九州市在住のベトナム人の夫妻が、就労できない期間に労働に従事した容疑で逮捕されている。同年二月には、埼玉県川口市に住む難民申請中の二人のトルコ国籍者（民族は不明）が女性に対する暴行と強盗の容疑で逮捕される事件があった。

政府は観光立国の目標として二〇三〇年までに年間の観光客六〇〇〇万人を掲げている。成長戦略の一環でもあるようだが、観光客の来訪による生活圏の喧噪化に加えて、不法滞在の増加や不法滞在者による難民申請が懸念される。ビザが緩和された国からの観光客の不法滞在は漏れ聞くところである。また、二〇二〇年の東京オリンピック・パラリンピックには途上国からも多くの観客や関係者が訪れる。国際会議やその他の国際的なイベントと同様に、オリンピックが難民申請の格好の機会となることは想定しておかなければならない。

難民認定と国益――中国とトルコの難民申請者

難民認定された申請者の国に偏りがあることもしばしば批判される。事実、ミャンマーやイランが圧倒的に多く、トルコからの難民申請者の場合は皆無で、中国はごく少数である。法務省内で政治判断がおこなわれているか否かについて筆者は知るよしもない。だが、難民認定がなされた者の出身国を見たとき、認定しても害のない国が多いのは事実である。ミャンマーやイランはそれに該当する。現在は違うが、両国政府はこれまでは国際社会の「悪役」のような存在だった。シリア人の申請者に対しても、二〇一五年に三人が難民認定されている。シリアの場合、認定しても外交上の問題は生じない。

他方で、トルコと中国における人権侵害の事例はさまざまに伝えられるものの、人道配慮の事例を除けば難民認定が積極的になされた形跡はない。ただ、考えをめぐらせてみると、仮に中国とトルコからの難民申請者を日本政府が難民と認定した場合、外交にもたらす影響は小さくない。本質的に難民認定は当該国の内政を部外者が評価することである。その点では優れて政治的な行為なのである。

一党独裁体制にある中国での人権侵害は著しい（この体制ゆえに中国は統治できている側面はある）。そこで仮定の話だが、中国難民を日本政府が積極的に認定するとしよう。それが前例を作り、地理的な近さとあいまって、中国の反体制派がこぞって日本に難民申請をしに来る可能性がある。漢人の民主化活動家や宗教団体である法輪功のメンバーばかりか、チベットや新疆ウイグル（東トゥルキスタン）の独立を求める民族系の活動家も考えられる。その流れが定着すれば、日本は中国の反政府運動の一大拠点となるだろう。

「難民に開放的な国」は外国政府の転覆を許す国になりかねない。中国の民主化を目指すなら、それも一つの見識ではある。過去にも実績はある。清朝を転覆させ、辛亥革命を実現した中国同盟会はほかならぬ東京の赤坂区で結成された。

だが、日中間の平和を考えたとき、中国の反体制活動家を難民であると公言して匿《かくま》うのが妥当なことなのだろうか。仮に人道的観点から受け入れるのであれば、難民と認定することなく、法務大臣の裁量で在留を認めることで十分に対応できるのではなかろうか。軍事的に中国と対峙《たいじ》できるアメリカとは異なり、日本は一定の脆弱性を抱えている。日本が中国のあらゆる反体制派の拠点となったとき、外交上の摩擦に加え、離島への侵略などの報復が生じることを想定しなければならない。

トルコの場合だが、日本で難民申請をするトルコ国籍者の多くは少数民族のクルド人と見られる。この国については別の理由で難民認定を控えるのが穏当と考えられる。世俗主義を掲げるトルコ共和国にあってイスラム主義に傾くエルドアン政権は、万人の趣味ではないだろう。同政権の権威主義的な傾向も指摘されるところである。ただ、別の観点からは、イスラム教徒の琴線にふれつつ、強権的ゆえに安定して国家を運営していると見ることもできる。

二国間関係について言えば、エルトゥールル号事件を描いた合作映画『海難1890』でも示されたように、日本とは深い友好関係で結ばれた国であり、日本が中東外交を進めるうえで欠かせないパートナーである。

トルコ国籍者で難民性の高い者としては、クルド人の独立運動家に加えて、トルコ人の政治活動家や政府に敵視された宗教運動家などが想定される。難民認定という正義のためにトルコの込み入った内政に関与し、この国との関係を悪化させるのは得策だろうか。さまざまな要素を勘案したとき、トルコ国籍者の難民認定が日本の国益に直結するとは考えにくい。

「難民に冷たい国」は悪いことか

筆者なりに二つの国について難民認定をすべきではない理由を述べたが、国家間の「大きな平和」のために個人の「小さな平和」が犠牲になる側面は否めない。そもそもすべての平和を追求することは難しく、結局のところ、国家がおこなう難民政策は恣意的にならざるをえない。「難民に開放的な国」を唱えるならば、政権転覆を志す政治活動家や迫害を受けたイスラム主義者にも門戸を開かなければ差別となる。しかし、そのような開放政策は日本にとって有益だろうか。

また、迫害をおこなっている主体が政府以外の武装勢力などの場合、日本で難民認定を得ることは難しい（ただし、法務省は人道配慮を与えることがあるから、まったくの無理解ということではない）。これについても批判はある。だが、実際には、「非政府」の範囲は幅広い。武装勢力からいわゆる半グレ集団、村の不良少年まで、無限に広がる可能性がある。「非政府主体による迫害の場合でも難民認定すべき」との主張には理があるように聞こえるとしても、やはりどこかで線を引く必要が出てくる。

もう一度、全体像を見てみよう。二〇一五年は七五八六件の難民申請のうち、二七件の難民認定に加えて七九件の人道配慮が出されている。計一〇六件の在留許可者数である（これに第三国定住難民の一九人が加わる）。もちろん諸外国と比べれば見劣りするかもしれないが、難民性の低い申請者たちが多くいるなかで、決して低くない保護率である。

結局のところ、「難民に冷たい国」というイメージを与えながらも、適切な範囲で人道的に対処しているのが日本の難民行政の姿である。人道配慮の場合は在留資格の更新が頻繁になるなど権利の点では劣るが、現実的な措置だと思われる。「難民に冷たい国」のラベルは、難民の流入を抑えるという意味では悪いことではない。今や欧州諸国は必死になってそのイメージを醸し出そうとしている。しかし、「難民に冷たい国」の抑止効果は失われつつある。難民申請さえすれば日本の在留資格が得られることが広まり、多くの偽装申請が発生しているのが実情である。

難民条約を中心とした難民認定制度を維持し続けるのであれば、より合理的な制度に改編することが求められるだろう。その場合、申請期限の設定や再審の制限に加えて、安全な国からの申請者や不適格者（退去強制の対象者や技能実習生など）を審査対象から除外することなどが検討課題になると思われる。

ただ、ここで率直なところを述べるなら、筆者自身、日本が難民条約に加入し続ける意味を見いだしづらくなっている。一年間で二七人に難民の地位を与えるために、膨大な労力と税金が割かれている。一つの条約を履行するための法務行政の負担はあまりにも重い。国家の安全保障にとっての負の影響も大きい。二〇一五年の欧州で起きたことは、この条約が二一世紀の世界情勢に合致していないことを示したのではなかろうか。

難民条約に加入することは義務ではなく、現に加入していない国も多い。条約に加入していなくても、第三国定住を通じた秩序ある難民の受け入れは可能である。従来どおり、在留特別許可の形で外国人に保護を与えることもありえよう（ただし、それは引き寄せ要因ともなる）。日本が難民条約に自発的に加入したように、条約から自発的に脱退することも妥当な選択である。その選択肢も念頭に置きながら、二一世紀の現実に即した難民政策を考えていく必要がある。この問題は終章であらためてふれたい。

2　シリア危機と日本

難民のための財政支援

二〇一五年九月二九日の国連総会の年次ハイレベル会合で安倍晋三首相は八・一億ドル（報道では約九七〇億円と報じられた）に上る中東での難民支援策を表明した。受け入れ諸国でのシリア難民への支援が中心だが、シリアとイラクの国内避難民への支援も含まれる。

すでに日本は二〇一五年一月に中東に二五億ドル（同、約三〇〇〇億円）の支援を表明している。安倍首相がエジプトのカイロで発表した支援策で、ＩＳによる邦人の誘拐殺害事件の際に話題となった。政府の債務残高が一〇〇〇兆円を超えるなかでの対外援助であるから、どちらも思い切った支援額と言える。

対外支援に多額の国費を充てることについては、読者の間でも賛否両方の声があると思われる。億単位の金額を体感するなら、日本酒の年間の輸出額は一一五億円（二〇一四年）である。日本酒の製造会社が努力を重ねて海外で販売をした末の金額だ。それをはるかに上回る援助額なのだから、大規模な拠出であることに違いはない。

報じられていない点に言及しておきたい。前述の支援策は新たに盛大に拠出したというよりも、予定されていた案件に新規の案件を加えて、大きなパッケージとして打ち出されたものである。円借款、つまりローン案件も多く含まれるので、全額を無償で差し出すわけではない（二五億ドルの九割近く、八・一億ドルの約七割が円借款である）。対外的に数字を大きく見せるための工夫である。大盤振る舞いを懸念する読者は少しは安心するかもしれない。

とはいえ、円借款の回収には数十年の時間がかかる。支援策には無償の案件も多く含まれる。国の財政状況が厳しいなか、対外援助は納税者にどのように説明できるのか。

世界有数の経済大国として、その地位に見合った「社会貢献」を対外的におこなったと見ることができる。筆者自身は、これらの支援策がシリアをはじめとした中東の人々の苦境を救えるなら、納税者として光栄なことと考える。また、二国間の援助であれ、ＵＮＨＣＲを通じた援助であれ、対外援助は日本にとって重要な外交手段となっている。トルコなどの中東諸国の受け入れ負担を軽減し、友好関係を強化するという点でも有益な政策である（ヨルダンに対する手厚い支援には、邦人誘拐殺人事件における協力への返礼の意味も込められたと思われる）。日本での難民受け入れに費やすよりもはるかに効率的で効果的な方法だろう。

貿易立国という観点からも考えてみたい。戦争になってもピックアップ・トラックなどの日本製品は売れるだろう。だが、それよりも世界の平和と安定があるからこそ、原油の輸入や日本酒の輸出を含め、安定した経済活動を日本は展開することができる。

各国による難民の受け入れや、各国からの自発的な拠出金にもとづくUNHCRの活動は「国際公共財」だと言える。公共財は誰かが負担してこそ成立する。難民の受け入れが難しいとしても、日本は資金拠出を通じて公共財の維持に貢献しているとも説明できる。

二〇一五年九月にEUは一〇億ユーロ（一ユーロ＝一三五円の換算で一三五〇億円）のシリア難民の支援策を表明している。日本の支援策も応分の負担をしたと言える規模だろう。もちろん、難民を受け入れない代わりにお金で解決したと捉えることも可能だ。二〇一六年に日本が議長国を務めるG7との関わりでも注文がつかない金額を示したのではなかろうか。

大規模な対外援助は持続可能か

豊かな国が富を世界に還元するのが望ましいとしても、日本をめぐる諸条件が厳しいなかで、大規模な対外援助は持続可能かという点は検証が必要である。日本はすでに多額の政府債務を抱えている（ただし、債権者の大半は日本国民なので、ギリシャと比べるのは適切ではない）。その一方で、人口の高齢化とともに社会保障費は増えている。財政の制約があるなかで、仮に対外援助を現在の水準で維持し、社会保障の支出を抑えるとなると、税の使途の優先順位が問われることになる。

債務や社会保障の問題もさることながら、日本の将来の姿形にも目を配る必要がある。国連によると二〇五〇年の世界人口は九七億人に増える一方で、日本の人口は一億七四一万人に減少すると予測されている（九七〇八万人という国立社会保障・人口問題研究所の予測もある）。増加する世界人口に見合うだけの援助資金が必要となってくるが、世界の一〇〇分の一の人口規模となる日本にとっては荷が重い。

さらに、二〇五〇年には購買力平価換算のGDPで日本はインドネシアに追い抜かれるとの予測もある（表4－2）。この計算方法の是非や将来予測の正確性は横に置くとしても、長期的なトレンドは留意に値する。日本が支援してきた国々が実力を蓄え、日本の競争相手となっていく。ある援助関係者の言葉を借りるなら、「援助が外交にならない時代」が訪れる。加えて言うなら、中進国が豊かになる一方で、日本の一部の階層で貧困化が進んでいく。

表4-2　購買力平価にもとづくGDPの実績および予測
（単位：2014年基準10億アメリカドル）

順位	2014年		2030年		2050年	
1	中国	17,632	中国	36,112	中国	61,079
2	アメリカ	17,416	アメリカ	25,451	インド	42,205
3	インド	7,277	インド	17,138	アメリカ	41,384
4	日本	4,788	日本	6,006	インドネシア	12,210
5	ドイツ	3,621	インドネシア	5,486	ブラジル	9,164
6	ロシア	3,559	ブラジル	4,996	メキシコ	8,014
7	ブラジル	3,073	ロシア	4,854	日本	7,914
8	フランス	2,587	ドイツ	4,590	ロシア	7,575
9	インドネシア	2,554	メキシコ	3,985	ナイジェリア	7,345
10	イギリス	2,435	イギリス	3,586	ドイツ	6,338
11	メキシコ	2,143	フランス	3,418	イギリス	5,744
12	イタリア	2,066	サウジアラビア	3,212	サウジアラビア	5,488
13	韓国	1,790	韓国	2,818	フランス	5,207
14	サウジアラビア	1,652	トルコ	2,714	トルコ	5,102
15	カナダ	1,579	イタリア	2,591	パキスタン	4,253
16	スペイン	1,534	ナイジェリア	2,566	エジプト	4,239
17	トルコ	1,512	カナダ	2,219	韓国	4,142
18	イラン	1,284	スペイン	2,175	イタリア	3,617
19	オーストラリア	1,100	イラン	1,914	カナダ	3,583
20	ナイジェリア	1,058	エジプト	1,854	フィリピン	3,516

注：PricewaterhouseCoopers, *The World in 2050: Will the shift in global economic power continue?*, February 2015を基に作成。

世界的に見れば格差は解消していることになるが、日本にとって望ましい環境では決してない。その条件下の対外援助にはさらなる説明が必要となる。

また、今後三〇年間に首都直下型地震や南海トラフ地震は七〇％の確率で起こると言われる。防災対策と国土の強靭化は優先課題である。震災後の復興のための財源確保もいずれは大きな課題となる。その際、対外援助は後回しとなるだろうから、援助に依拠しない外交のあり方はどのみち考えておかなければならない。

こうした厳しい条件のなかを日本は生きていくことになる。むろん後ろ向きの気持ちでいたら国は衰退する。胡坐《あぐら》をかかず、気概をもって進んでいく姿勢が大切である。その一方で、政策を実現するにも、財政的な制約があることは十分に意識する必要がある。

大学の授業でも学生から対外支援に対する厳しい意見を聞くことがある。学生Ｎさんはリアクションペーパーに次のように記していた（掲載には本人の了承を得た）。

「今の日本には難民支援に費やすほどの余裕はないと思う。それは国際社会からは非難される考えかもしれないが、国内の問題を後回しにしてまで対外政策を行うことは正当化できないと考える」

これから二〇八〇年頃まで生きていくＮさんは現実的な観点で世の中を見ているのだろう。

多くの課題に直面する日本だが、筆者自身はＵＮＨＣＲへの支援を含め、対外協力への支出は一定規模で続けるのが良いと考える。日本が拠出を続けるのであれば、援助を道具に外交を有利に進めるなど、存在感を示す必要があるのは言うまでもない。国連といえども、業務執行の適正さや日本にとっての有用性を踏まえて拠出先を厳選するのが望ましい。

ただ、長期的に考えたとき、背伸びして援助を続けられるかとなると懐疑的にならざるをえない。イスラム圏の政情不安が長期化し、人道支援の負担が国際社会全体に重くのしかかることも予想される。

この先、日本が対外援助を継続するとしても、集中と選択がさらに求められるだろう。日本人の若者の留学支援や対外メディア組織の創設など、国際社会と積極的に関わっていくための優先課題は多くある。国連は数ある外交手段の一つでしかない。国際機関への拠出金の減額も視野に入れながら、日本の将来を担う若年層への社会投資を含め、より戦略的な税の使い方を考えていかなければならない。

受け入れるべきだったのか

二〇一五年九月の国連総会で多額の難民支援策を表明した安倍首相だが、シリア難民の受け入れは表明しなかった。記者会見ではこの点について聞かれ、言葉を濁した。

安倍の「ゼロ回答」はさまざまに批判された。『毎日新聞』は「シリア難民問題　金だけ支援、入国はNO　「鎖国日本」に厳しい視線」との見出しで政府の姿勢に疑問を呈した（二〇一五年一〇月六日付『毎日新聞』）。たしかに「難民を受け入れない日本」が海外に示されたのだから、受け入れを善とする立場からすれば最悪の回答だったに違いない。

九月の初頭にはトルコの海岸でアラン君の事件があった。シリア難民への関心が国際的に高まっていた時期で、日本でも国連難民高等弁務官を務めた緒方貞子がシリア難民の受け入れを訴えていた。彼女は「難民については、必要な人の受け入れはしなければならない」として、九月二四日付の『朝日新聞』で次のように述べている。

「長い間、島国でね、島国を守っていくということだけで来たからでしょう。そういう島国根性的なことは変わっていないと思いますよ。だけど国際化が進んで、非常に国際協力が発達したなかでは、前と同じ島国根性でやっていけるんでしょうかという疑問は持ちますよね」

「例えば、難民の受け入れは積極的平和主義の一部ですよ。本当に困っている人たちに対してね。それから開発援助も底辺に届くようなものをどれだけやるのか。それが積極的ですよ。難民の受け入れに積極性を見いださなければ、積極的平和主義というものがあるとは思えない（略）」

二〇一五年九月、世界はまだパリやケルンの事件を知らない。多くの国がシリア難民の受け入れの方向で動いていた。ＥＵは一六万人の難民申請者の移転計画を決定し、トルコは二

○○万人のシリア難民を受け入れている状況だった。アメリカ政府やカナダ政府もそれぞれ一万人の受け入れを表明していた。この時点で日本政府が一万人規模で受け入れを表明しない限り、対外的には評価されなかったはずである。一〇〇人では少なさが目立っただろうし、一〇〇〇人でもインパクトは薄い。たとえ一万人でも難民問題の実効的な解決にはつながらないが、果たして一万人の枠は日本にとって可能だっただろうか。

慎重な判断が求められる課題

シリア難民の受け入れは、理想論として語れたとしても、現実の政策としては成立が難しかった。難民や移民の受け入れ環境が整っているアメリカやカナダに比べれば、日本のそれは万全とは言いがたい。加えて、国家と国民の安全を考えたとき、慎重に判断をせざるをえない部分がある。欧州での出来事はそれを物語っている。

この点に関して、先ほどのインタビューで緒方は次のように述べている。

「日本は、非常に安全管理がやかましいから。リスクなしに良いことなんてできませんよ」(二〇一五年九月二四日付『朝日新聞』)

安全とリスクの管理は、国民の命を預かる政治家の責務である。やみくもに積極的な国際協力をおこなえば良いというものではない。緒方の軽率な発言とは対照的に、安倍の慎重姿勢にはそれなりの理由があったと思われる。

シリアでは戦争が展開している最中である。武装組織や急進的な思想との接点がなく、共鳴者や支援者とならない人物を厳選しなければ、国民は安心できない。受け入れるとしたらトルコやヨルダンからの第三国定住が想定されるが、何らかの難民の資格（一時的保護など）を得ている者であっても、再定住に際して詳細な人物審査（vetting）は必要である。

ただ、公安調査庁や警察庁の外事情報部がすべての者の身元調査に関与するのは大変な作業である。シリアのような破綻国家の場合、当該国政府との機密情報の共有は難しい。SNSなどの通信履歴を調べる必要も出てくるが、それも手間のかかる仕事である。アラビア語の通訳や調書作成のための担当官や翻訳者も必要となる。関係する組織に過度の負担をかけることになっただろう。

政府の慎重姿勢が目立ったが、二〇一六年五月二〇日、後述する世界人道サミットとG7伊勢志摩サミットの開催に合わせるかのように、安倍首相はシリアからの難民一五〇人を留学生として受け入れることを表明した。国費留学生の枠を拡張し、かつ国際協力機構（JICA）の技術研修の枠も使いながら、毎年三〇人を五年にわたって受け入れるというものだ。

G7サミットの主催国が知恵を絞って難民の受け入れを表明したと理解できる。「留学生」の受け入れはよく考えられた方法である。社会階層の高いシリア人を招けるだろうし、大学の支援体制や学生との交流も期待できる。ただ、世界各地の刑務所でイスラムの過激思想が拡散したように、大学のもつある種の密閉性には注意が必要である。最大の課題は、留学生が急進思想の持ち主でないことやテロ組織との接点（SNSの履歴を含め）がないことが担保されるかである。となると、受け入れの際の人物審査が重要になる。無理に留学生の枠を埋めようとすることなく、国民の安全を優先するのが良いだろう。

トルコ人とクルド人が渋谷の街で喧嘩をする時代である。混乱に見舞われる中東やイスラム圏の構図を好んで日本に導入する必要はない。さまざまな負の側面を直視すれば、難民の受け入れは軽々しく唱えられるものではなく、慎重に判断していくべき課題である。

3　関連する課題と今後の展望

日本の人口動態と移民政策の展開

狭義の難民とは別問題だが、移民政策は入国管理政策という点で関連する部分も多い。例えば、カナダのように移民政策に積極的な国は、難民政策にも積極的になる傾向がある。ドイツでもシリア難民を労働者として雇用することへの期待が聞かれた。外国人の社会統合のあり方など、難民の社会統合に通じる点もある。そこで、日本の人口動態と関連付けて、移民に関する政策の現状を見てみたい。

世界レベルで見た場合、賃金格差を要因として、途上国からの人口移動の圧力が日本にかかっている。しかし、政府は単純労働者の受け入れについては「十分慎重に対応することが不可欠」（「第九次雇用対策基本計画」）との姿勢をとっている。移民導入に慎重な世論も根強い（世論調査の実施媒体によって回答は大きく異なる）。他方で、日本国内、特に経済界を中心に海外からの新たな労働力の導入を求める声がある。

単純労働者は受け入れない建前だが、実態は異なる。いくつかの抜け道が用意されていて、①技能実習生、②留学生の資格外活動、③南米の日系人、④日本人の配偶者、などが外国人の単純労働者の主たる供給源となっている。

先にふれた技能実習生だが、二〇一五年六月時点での受け入れ数は一八万一四三六人（法務省による）。実習先は農業からホテル業まで、さまざまな業種に及ぶ。期間限定の「技能実習」という形をとるが、実際には単純労働力の側面が強い。規則に違反した低賃金労働など、社会問題になるような事案もしばしば起きている。また、南米の日系人は、一九九〇年の改定入管法を受けて日本に来た人たちである。派遣労働制度の導入とあいまって、単純労働に従事していることが多い。

先述のとおり、日本の人口は二〇五〇年までに三〇〇〇万人前後は減ると見られるが、人口減少に対応するために、一〇〇〇万人を移民で補うべきという主張がかつて自由民主党からなされた（自民党「外国人材交流推進議員連盟」が二〇〇八年に打ち出した）。ただし、この種の提言は現在の政権与党からは聞かれない。

ちなみに、移民導入に前のめりなのは、多文化共生に思いを馳せる左派の人たちも然りである。外国人である移民は、「国民」や「国家」「国境」を相対化するための格好の存在なのだろう。相対化とはすなわち、絶対性を薄めることである。この件に限っては自民党や経済界の動きを期待をもって見つめるという呉越同舟の状況にある。

移民導入のデメリット

たしかに日本の人口が三〇〇〇万人減少することの影響は大きい。ある経済人の言葉を借りれば「三〇〇〇万個の胃袋」が消失するのだから、経済規模は縮小する。住居やインフラが余剰になり、労働人口も減少する。だが、移民を受け入れることによって短期的には労働力や活力を確保できるとしても、それにともなうデメリットも少なくない。

同じ仕事を移民と日本人労働者とが奪い合う場面や、移民が就くであろう低賃金労働が主流となり、日本人労働者の賃金が低く抑えられてしまう事態が考えられる。単純労働に従事する移民は雇用の調整弁とされる可能性が高いが、一旦受け入れたら不況で不要になっても送り返すのは難しい。労働市場が知識集約型に向かうとなれば、高度人材は別として、単純労働に就いていた移民たちは路頭に迷うだろう。数十年経って年老いた移民が社会の活力となれるかは不明である。移民二世が社会に溶け込んでくれるかも未知数である。

日本語教育や多言語化へのコストなど、行政や納税者にとっての負担も大きい。イスラム教徒の場合は、土葬の墓やモスクの建設という課題も生じる。

ちなみに、東京都北区にはバングラデシュ人が集住し始めており、近隣の日本人との軋轢も指摘されている。住民の身近なところに異なる文化を持ち込む外国人コミュニティが生まれたのである。とりわけ途上国の移民を受け入れるということは、地元住民にとっては集住による喧噪化もさることながら、途上国的な世界との接触を強いられることを意味する。

特定の国の出身者や宗教的背景をもつ人たちを多数受け入れた場合に、それが安全保障上の脅威となりうることにも留意する必要がある。そうした人たちが組織で実権を握るような場合に、「反抗的」とされる一部の日本人が排除されてしまうこともあるだろう。日本に住む自国民の保護を目的とした外からの軍事介入も想定しておくべきシナリオである。また、すでに起きているが、イスラムの急進派の指導者が日本を訪れ、移民コミュニティや日本人を対象に説教や集金活動をおこなうことも予想される。中長期的にはホームグロウン型の暴力的事象も懸念事項となる。

扱いが難しい問題だが、犯罪や治安悪化といった側面には十分な留意が求められる。移民推進論者は「外国人を過剰に警戒する必要はない」（毛受敏浩《めんじゅとしひろ》『人口激減——移民は日本に必要である』）として、外国人による犯罪を等閑視する傾向にある。扇動的な言動は厳に慎むべきと筆者も考えるが、負の側面は想定しておくべきだろう。

一〇〇〇万人の移民を受け入れたところで、人口減少は食い止められない。早晩、人口減少を前提にして社会制度を設計していかなければならない。また、日本の完全失業者は二二二万人（二〇一五年平均）を数えるが、失業者に加えて、主婦や高齢者で労働意欲のある人たちの就業支援のほうが優先課題だろう。子育て支援や少子化対策の充実も急務である。

異文化との接触は軋轢を生むこともあれば、恩恵をもたらすこともある。要はその接触のあり方である。社会に害の少ない形で世界と交流し、敬意をもって学び合うのが賢明である。だが、そうした交流は、多文化共生を目指して世界の縮図を日本に持ち込むことを意味しない。多文化を語るなら、北海道から沖縄まで日本は多様な文化に満ちている。日本人同士で穏やかに暮らしたいと望む国民も数多い。二〇一五年六月時点で日本に住む外国籍者は二一七万人（法務省による）。国の総人口一億二七一一万人（二〇一五年一〇月時点、総務省による）に比べた場合、一・七％の割合である。これくらいが上限ではなかろうか。

一時の安易な解決は将来世代につけを残しかねない。移民を積極的に導入したものの、後戻りできない社会の変容に苦しんでいる欧州諸国の事例は教訓に富んでいる。

中国・北朝鮮での危機のシナリオ――盤石に見える中国

日本の難民政策との関連で、近隣諸国から大量の人が流出する事態を想定しておく必要がある。考えられるとしたら、中国と北朝鮮（朝鮮民主主義人民共和国）の二ヵ国である。体制が崩壊し、その余波で大量の非正規移動者が日本の海域に入ってくる可能性は皆無ではない。

北朝鮮の人口は二五一六万人（二〇一五年時点、国連による）。他方で、中国の人口は一三億七六〇五万人（同上）、その一％は一三七六万人、〇・一％は一三七万人である。ごく一部の中国人が流出するだけでも、諸外国には大きな影響を及ぼすことになる。

簡単だが、危機のシナリオを考えてみたい。なお、紙幅も限られるので、南北朝鮮の戦争の可能性は扱わない。

まずは中国である。盤石に見える中国共産党体制だが、さまざまな危機がささやかれる。

中国は革命が繰り返される歴史を経験してきた。中国流の革命は「易姓革命」と呼ばれる。王朝（姓）は天から命を受けているが、民衆からの信を失ったとき、天は「姓を易《か》え」「命を革《あらた》める」とされる。一三億人の民が離反するとき、共産党体制は動揺する可能性がある。しかし、現在の共産党体制は堅固に映る。軍や治安部門も党の支配下にある。市民が革命を起こせるような条件は整っていないと思われる。何らかの動きがあるとしたら、共産党の内部から改革の動きが生まれ、それが体制転換につながるといったシナリオではなかろうか。

ちなみに、「七四年説」が中国専門家によって語られることがある。一九一七年のロシア革命を起点とするなら、ソ連が一九九一年に七四年で崩壊したように、中国共産党による独裁体制も制度疲労を起こし、現在の国家体制が七四年で寿命を迎えるというものである。その説が正しければ、一九四九年の建国から七四年経った二〇二三年は転換点となる。習近平体制二期目の終わりの年である。

「七四年説」はさておき、体制が動揺するとき、誰が中国から逃げるのだろうか。まずは中国共産党の幹部であることが考えられる。幹部自身は国内にいて、海外で蓄財をしたり、家族などが海外に移住したりしているケースが多い。海外での蓄財は「パナマ文書」でも明らかになったとおりだ。国の中枢にいる者たちが国を忌避している証拠だが、海外に資産や家族があるため、潜在的に海外移動のモビリティが高いと考えられる。体制が動揺した際、報復を恐れて外国で難民申請をおこなう共産党員も出てくるかもしれない。共産党員の数は全国で八七七九万人（二〇一四年時点）である。

富裕層で海外に資産や家族をもつ者もモビリティは高いと考えて良いだろう。ただ、内戦が起きない限りは、新しい体制を一定の期待とともに待ち受けるのかもしれない。中間層のなかでモビリティが高い者についても同様だと思われる。

貧困層はどうだろうか。中国国内で七〇一七万人（二〇一四年時点）を数える。国内で流浪する「流民」も二億五三〇〇万人（同上）に上る。これらの人々は失うものがないから、混乱を機に海外に渡航しようとする者が現れるかもしれない。資産がなくとも、その意味でモビリティが高い。非正規移動者として近隣諸国に渡ろうとする場合、増殖しているであろう密航業者が便宜を図ってくれるはずである。

仮に中国から非正規移動者が船で到来するとしたら、沖縄が位置する南西諸島や九州あたりに漂着することが考えられる。これは紀元前に中国で混乱があったとき、同地から日本に渡ってきたとされる人々のルートとも重なる。

北朝鮮が崩壊するとき

「地上の楽園」と日本でも喧伝《けんでん》された北朝鮮は楽園からは遠い状況にある。キム・ジョンウン（金正恩）体制の幹部であっても粛清が待ち受けている状態だから、息の詰まる生活をしていることだろう。人々の暮らしも晴れやかさとは無縁の印象を受ける。

軍の幹部や外交官、海外の国営レストランの従業員の亡命に加えて、脱北者の流出が散見される。しかし、脱出するのも命がけだから、数としては限定されている（北朝鮮の刑法では、同国からの逃亡は七年以上の教化刑、場合によっては死刑または全財産没収の対象となる）。統制が失われたとき、雪崩をうって人口が流出することも考えられる。逆に言えば、現在の独裁体制があるからこそ人口流出が抑えられている。

北朝鮮外交官による密輸行為は報道されているが、朝鮮労働党の幹部が海外に家族を移住させたり、蓄財をしたりしているという公開情報は少ない。

一般の民衆レベルでも、一部の脱北者を除けば、海外に移住した家族や、海外での蓄財を通じたモビリティは低いように思われる。ただ、朝鮮民族は「離散の民」である。日本には在日朝鮮人のコミュニティが存在しており、韓国にも北朝鮮と離れたままの離散家族が存在する。そのつながりで国外への移住を模索する動きは生まれるかもしれない。

中間層や貧困層が国外に逃れることは現時点では難しいと思われるが、体制が崩れれば、EUに流れた非正規移動者のように無理をしてでも海を渡る者が出てこよう。

北朝鮮に何らかの動きがあるとき、国境を接する中国や韓国、ロシアは入国管理を厳格にする可能性がある。となると、それに押し出される形で、日本に一定の人口圧力がかかることになる。韓国に移動しようとする人の流れの余波で、三八度線の真上にあり、日本との距離も近い江原道《カンウォンド》の海岸から一定数が船に乗り込むことも考えられる。

もっとも、北朝鮮に燃料があるか否かという問題もあるから、漁船での移動は難しいかもしれない。密航希望者が増えるような場合は、これを商機と見て周辺諸国からゴムボートや救命胴衣を売り込みにいく者が次々と現れるだろう。

日本での漂着場所だが、日本海には入り組んだ海流があるので、門外漢の筆者には読みづらい。消去法でいけば、少なくとも冬の日本海を漁船やボートで渡るのは困難だろう。江原道からの密航を想定するなら、季節の良いときに、距離的に近い山陰地方の沖合あたりに漂着するのではなかろうか。

送り返すべきか、受け入れるべきか

このように両国の危機のシナリオを簡単に想定してみたが、日本としても対応を考えておく必要がある。非正規移動者がもたらす混乱はEUでも起きているとおりだから、これまでの事例を踏まえて想定するのが望ましい。

この点では、かつてアメリカがハイチ共和国からの非正規移動者に対してとった対応が参考になる。一九九二年、当時のジョージ・ブッシュ政権は公海で非正規移動者を送還した(ビル・クリントン政権も基本的にこれを引き継いだ)。批判されたアメリカ政府の対応だが、

アメリカの最高裁判所は一九九三年六月の判決で、合法との判断を示している。難民法の専門家には評判の悪い「セール対ヘイシャン・センターズ・カウンシル事件」である。

公海での送還という現実的な対応をとる場合、いくつかの厳しい問題がある。

密航者は海難者ともなる。海上に放置したり本国に送還したりすると命を落としかねない。放置や送還はまさに冷徹な判断となる。不幸な出来事が身近なところで可視化されたとき、人は感情的になる。起こりうる悲劇を日本国民が冷静に受け止められるか否か、国際機関やNGO、メディアからの批判に日本政府が耐えられるか否かが焦点となる。

冷徹な政策判断をおこなうとしても、それとセットで人道的な対応をとることも可能だろう。例えば、人数を限定して一時滞在のビザを発給するという方法もある。しかし、その場合は、発給の要件を指定し、人物審査を厳格におこなわなければならない。発給のアナウンスがさらなる移動希望者を生むことも考えておく必要がある。

仮に人道的な観点から、日本の海域に漂着する非正規移動者を救助し、上陸だけは認める方針をとるとしたら、日本のどこかの島に施設を作り、留め置くことが考えられる（日本の行政では「上陸」と「入国」は異なる概念である）。だが、その場合も難題が生じる。

上陸を認める場合、島を管轄する地方自治体や地元住民との調整、さらには留め置いた後の扱いは難しいものになると想定される。誰も自宅の近くに「迷惑施設」が来てほしいとは思わない。非正規移動者を救助する行為は密航業を助長し、後続者を生む要因となる。さらなる海難事故にもつながるだろう。中国の新政権や、北朝鮮を吸収するであろう韓国政府がこれらの非正規移動者を引き取る保証もない。引き取ってくれるとしても、いくつもの条件がついてくるかもしれない。

公海での送還、あるいはそれ以外のどのシナリオをとる場合も、悩ましい問題が生じることは覚悟しなければならない。なお、近隣諸国の混乱にかかわらず、武装した漁民や密航者が日本の離島を占拠するような事態は起こりうるから、離島防衛の体制は常に求められる。

二一世紀の現実のなかで

日本と難民問題の関係を考える際、大局的な観点から、人道行動が日本にもたらす実益や負担、課題を見ていくことが重要である。

難民の受け入れは、人助けとして賞賛に値する行為に違いない。三郷市の例のように、草の根レベルでの異文化交流の実現といった利点もある。しかし、財政的な負担に加え、付随するあらゆる問題と天秤にかけたとき、大きな実利が得られるというものではない。

たしかにインドシナ難民を受け入れたことによって、日本は多国間外交の場で国際協調をアピールすることができた。おかげで肩身の狭い思いをしなくて済んだ場面もあっただろう。

ただ、難民受け入れ数においては、日本は逆立ちしても諸外国にはかなわない。現状では「人道大国」の要件を満たすことは不可能に近い。

さらに言うなら、二一世紀初頭の国際環境や世界からの人口圧力を考えたとき、国家が人道主義的であるのは有益なことかも検討が求められる。仮にそうであるとしても、どの範囲までなら可能なのかは十分に考える必要がある。

第二次世界大戦後の自由主義的な国際秩序（liberal international order）は、アメリカが覇権を維持するなかで国際規範が保たれる構図だった。その秩序の維持があってこそ世界は安定していた。だが、ポスト冷戦期はすでに「古き良き時代」となり、世界は変動期にある。

現在進行中の難民問題も、次に見る二一世紀の現実を背景に考えなければならない。

第5章　漂流する世界

1　二一世紀、動揺する国家

「難民化」する国家

国家は揺るぎない存在だろうか。この問いは難民問題を考える際に避けては通れない。日本にいて普段の生活をしていると国家という存在は堅固に見えるが、世界を見渡せば多種多様な国家の姿が目に入る。事実、国家も揺れ動く。各地で起きている紛争と人道危機の背景に、国家の異変が見え隠れすることがある。国家は学術的に言えば、「住民」「領土」「政府」の三つを要件として成立するが、この三つの結び付きが変調をきたすのである。

国家は一つの虚構、すなわちフィクションであって、脆弱な存在であると捉えると、難民発生の根本的な原因がはっきりと見えてくる。いくつもの国で国家の虚構性と脆弱性が明白になってきたのが二〇一〇年代の世界情勢である。難民問題の流れで言うならば、国家も「難民化」してしまうのである。けれども、国民は逃げることができても、国家は物理的に移動するのが難しいから、その場で動揺し、漂流することになる。

ケニア出身の政治学者、アリ・マズルイはかつて「政治難民としてのアフリカ国家」という隠喩を用いて、アフリカ国家の難民性を指摘した。まさに「漂流する者」という意味での難民である。この絶妙な表現とともにマズルイはアフリカ国家の破綻状態を論じていた。マズルイの指摘は今でも有効である。二〇一〇年代、イスラム圏と重なる中東やアフリカの少なからぬ国で、国家の虚構性があらわになっている。国家の脆弱性も増している。拡散するイスラム主義の動きは、国家の難民化という現象を加速させてやまない。

この議論は中東やアフリカにとどまらない。多額の対外債務を抱えるギリシャや、グローバル・ジハードの拠点となったベルギー、スコットランドが離脱をうかがうイギリスにも難民化の芽がある。フランスも「難民」ではないとしても苦しい局面にあり、コルシカの独立運動も含め、揺らぎを経験している。欧州統合は国民国家を相対化しながら、分離独立運動や越境するテロ活動に格好の土壌を提供した。その帰結として、一部のEU加盟国が動揺し、それに応じてEUまでもが動揺している状態である。

帝国領に作られた国家の分解

問題となっている中東やアフリカの国々は、歴史的に見れば、オスマン帝国やフランス植民地帝国、大英帝国といった旧帝国領に作られた新興国家である。帝国の側面をもったソ連を含めて考えるなら、中央アジアの国々も同様である。帝国支配の形は多様だが、いずれも帝国の領地の一部分を受け継いだ国家である。その国家には不自然さが目立つことが多い。その種の国家を維持するのは容易ではなく、いくつかの国々が分解し、瓦解し始めている。

その点で言えば、バルカン半島にあったユーゴスラヴィア社会主義連邦共和国も人工性の高い国家だった。旧ユーゴスラヴィアはオスマン帝国とハプスブルク帝国の旧領から形成されていたが、一九九〇年代から分解の過程が始まった。ひときわ複雑な民族構造を抱えたボスニア・ヘルツェゴヴィナは激しい戦争を経験する。旧ユーゴスラヴィアの分解は二〇〇八年のコソヴォ共和国の独立をもってひとまず終了したが、一連の過程は多くの流血をともなった。

すでに多々議論されているように、イラクとシリアもこの視点で論じることができる。

これらの二つの国はかつてはオスマン帝国の領地だったが、第一次世界大戦の最中にイギリスとフランスが恣意的に分割したことによって生まれた（だからといって、この両国がすべての責任を負うという議論にはならない)。一九一六年のサイクス・ピコ協定、次いで一九二〇年のサンレモ会議での決定に沿って今のイラクとシリアの領域が形成されていった。その後、国際連盟の委任統治の枠内でイギリスはイラクを、フランスはシリアをそれぞれ支配する。委任統治者が去った後は君主や独裁政権が国をまとめてきた。人工国家を運営するには強い権力が必要だったのだ。

ただ、両国が完全に不自然で人工的な国家であったかというと、そうとも言えない。シリアとイラクはそれぞれウマイヤ朝とアッバース朝の中心地に相当する。「シリア」や「イラク」という自己認識は歴史的にもすでにあったという見方もある。ウマイヤ朝は第1章で説明したが、アッバース朝はウマイヤ朝を倒して八世紀中頃に建てられ、一三世紀まで続いたイスラム帝国である。

中東諸国もさることながら、植民地支配から独立したアフリカ諸国にとっても国家建設は難しい仕事だった。国際法で「ウティ・ポシデティス(uti possidetis)の原則」と言われるが、植民地時代の境界線を用いる形で新しい国家が作られた。しかし、国家建設の仕事が未完のまま、分解を経験している国は多い。

マリ共和国は旧フランス領で、奇怪な国境線が虚構性を強く印象付ける。「民主主義の優等生」と呼ばれた時期があったものの、マリは二〇一〇年代、分離独立運動を経験した後、アルカイダ系の過激派組織によるテロに見舞われている。

独裁政権にあって安定を保っていた旧オスマン領のリビアでも、国内の混乱状況が続いている。東西に分断されたリビアが再統一を果たせるかは予断を許さないが、別の視点からは、分断された姿をもってリビアが統一前の元の鞘《さや》に収まったと見ることもできる。

旧イギリス領ではアフリカの大国、ナイジェリアも苦境にある。全体が瓦解しているわけではないが、過激派組織ボコ・ハラムの台頭によって部分的に統治が困難になった。土着勢力だったボコ・ハラムは二〇一五年にはISに忠誠の意を示し、「イスラム国・西アフリカ州」を名乗った。被害を受けた地域は大量の国内避難民と難民を発生させている。ただし、潜在能力のあるナイジェリアは二〇五〇年には人口三億九八五〇万人（国連による予測値）を数え、購買力平価ではドイツを抜いて世界第九位の経済大国になるとの予測もある。厳しい局面を含め、この国はさまざまな変化を経ていくことだろう。

現状維持に傾く国際社会

試練を受けている既存の国は少なくない。では、国家が困難に直面するなかで、どのようにして紛争や混乱の解決が図られるのだろうか。言い換えれば、「難民化した国家」はいかに救済されるのか。

国際社会の常道の手法と言っても良いが、多くの場合、その国家の枠組みを前提にして事態の収拾が図られる。枠組み自体を見直すことは諸国家にとってタブーに近い。というのも、国家間の関係は基本的に変化を好まないからである。誰しもが国家を創設できるわけではなく、「新参者」を容易に認めようとはしない。分離独立や分割の先例を作ると、自国もいずれ被害を受けかねない。その点では国際社会は「排他的なクラブ」にたとえることもできる。国家同士が排他的に認め合い、国家間の関係を築き、international community、日本語で言うところの「国際社会」を形成している。

保守的性向をもち、現状維持の力学で動こうとする国際社会は、瓦解した国家でさえも再生しようと試みる。紛争に見舞われた国家を建て直そうとする平和構築の試みは、国際社会の保守性の表れである。だが、内に異変が生じているにもかかわらず、既存の外枠を維持しつつ、紛争の解決や平和の定着を図ろうとする場合、そこには根本的な難しさがある。

シリア内戦の調停も、困難を承知でシリア国家という既存の枠組みを前提におこなわれてきた。すでに既存の国家が求心力を失っているにもかかわらず、である。周辺諸国の利害が複雑に絡み合うなかで、遠心力に引き裂かれた国家を再建するのは至難の業である。流れによってはシリアの国土を分割する案が浮上するかもしれない。ただ、その場合でも、国家間関係の安定性を考えて、ボスニア・ヘルツェゴヴィナのように主権国家を残すような形で分割案が模索される可能性は高い。

混沌とした世界

現在の世界情勢が流動的であることは論をまたない。国家や国際秩序が揺らぐなか、国々は工夫をこらして現状に適応しようとしている。同盟関係の再確認や地域的な協力関係の構築といった動きは、不透明な時代にそれぞれの国が対応していることの表れである。しかし、体力の弱い国家は、状況に対処するにも手段に乏しく、外部の事象に翻弄《ほんろう》されることになる。大国にとっても、小国にとっても、自らが望むように生存し続けるのは難しい時代である。

言うなれば、私たちは現在、「中世的な世界」の再現を目撃している。「新しい中世」の概念は、白系ロシア難民の知識人、ニコライ・ベルジャーエフを皮切りに、ヘドリー・ブルやアラン・マンク、田中明彦といった論者がすでに示したものである。

現代の世界は「主権国家体制」を起点とするものである。主権国家が横並びとなって、独立を尊重し合うのがこの体制の基本形である。一七世紀の欧州では、一六四八年にウェストファリア条約が調印され、それまでに芽生えていた主権国家体制を定着させることとなった。「新しい中世」は、主権国家体制が生まれる前の構図が再び訪れることを意味する。

もちろんＳＮＳなどの現代文明の利器は存在し続ける。先端技術の開発がやむことはない。

破綻する国家がある一方で、多くの近代国家は揺らぎを経つつも生き残るだろう。価値観と利益を共有する国家間では協力関係が深化する。帝国主義は台頭する新たなプレーヤーによって受け継がれる。その意味では、世界は近現代の延長線上にある。

と同時に、国々の間での階層が深まる。先進諸国と破綻状態にある国々との格差は埋めがたい。国際政治が多極化、あるいは無極化し、世界を動かす主体も多様化する。その過程ではさまざまな越境的な関係が進んでいく。武装組織による越境的な実効支配も然りである。国内秩序の揺らぎ、さらには国際秩序の維持に対するアメリカの意欲低下ともあいまって、主権国家体制が揺らぐ場面がいくつも生まれる。

このように中世的な要素をもつ混沌とした世界がすでに到来している。

各地で多発する紛争は、国際政治の構図が変動する時代に、進行中の変化が暴力的な症状として表れたものである。混乱にある国々では、既存の国家は形だけのものとなり、国民を守る能力も低下する。国家が相対化されるとはそういうことである。そのなかで人々は移動を通じて状況に適応し、身を守ろうとする。個人としてはきわめて妥当な判断である。

2 国連の希薄化、国家の復権

機能しない国連、機能する国連

二〇一六年五月、G7伊勢志摩サミットの直前にトルコのイスタンブルで「世界人道サミット（World Humanitarian Summit）」が開かれた。国連が主催したものだが、拠出国側の機運は高まらなかった。G7諸国の首脳としてはドイツのメルケル首相が参加したのみだった。掛け声倒れの「サミット」となったことは否めない。国連の存在感が希薄になるなか、このサミットは図らずもそれを実証するかのようだった。

各地で武力紛争やテロがやまず、難民や国内避難民が発生するという状況にあって、国連は有効な解決策を見いだせないままでいる。シリア情勢の解決においても、安全保障理事会は具体的な答えを打ち出せていない。国連の機能低下は二〇一〇年代の象徴的な出来事でもある。

もっとも、国連は多様な機関からなるシステムである。世界の平和と安全に主要な責任をもつ安保理もあれば、難民の国際的保護を担うUNHCRも存在する。国連のすべてが機能不全に陥っているわけではない。紛争解決を担う安保理や、仲介努力などをおこなう事務総長といった国連の主要機関が、期待された役割を果たせていないまでのことである。

それに比べてUNHCRや世界食糧計画（WFP）、国連児童基金（UNICEF）などの技術的機関は、政治機関の機能低下を補うかのように、より大きな役割を果たしている。幸か不幸かUNHCRの予算規模も拡大している。世界人道サミットの開催も、国連の人道援助部門の意欲的な活動の表れと理解できる。組織のなかで「日陰者」とされてきた人物や部署が、状況が変われば組織の救世主となることがある。そのようなことが人道援助部門を中心に国連でも起きているのかもしれない。

国連が一律に機能不全に陥っているのではなく、国連システムは「機能しない国連」と「機能する国連」が混在する二極化の状態にあると言えるだろう。

「ポスト国連」の時代

とはいえ、関心の的になるのが国連安保理の役割である。

安保理の常任理事国の間での利害対立が紛争の解決を妨げる場面はこれまでにも多々あった。むろん安保理の機能低下は常任理事国制度のみに原因があるわけではない。外交官を長年務めた色摩力夫《しかまりきお》が述べたように、「主権国家の手にあまる紛争を国連に持ち込まれても、必ずしも抜本的な名案があるはずはない」のである。

安保理の議題リストには破綻国家が名を連ねるが、その点では病院の集中治療室にも似ている。安保理が国家の延命のための手術をしようとしても、その処置は暫定的なものとなるかもしれない。内戦や緊張の発生は当該国の構造に端を発することも多く、根源的な問題は残りうるからである。そうした問題は、国家間協調の進化形である国連をもってしても簡単には解決できない。常任理事国間での対立が解け、調停案を提示できたとしても、国家の枠組みを残す以上、根本的な問題解決には至らない可能性がある。

国連に対する過度な期待は禁物だが、政治機関の機能低下をもって「無用の長物」と言うのも性急すぎる。不完全ではあるけれど、国際協調の議論の場やその実現の担い手として、国連は相応の役割を果たしている。主権国家体制が揺らぎを経験している時代だからこそ、その象徴的存在として存続が求められていくことだろう。

ただ、国連の限界、さらには国連がもたらす弊害は直視しなければならない。安全保障の領域において国連という「公助」が有効に機能しない場面は数多い。それどころか拒否権をともなう安保理の常任理事国制度は自国の平和にとって有害ともなる。中国の海洋進出に対する安保理、ひいては国連の沈黙はその好例である。

となると、どの国家も国連の限界を織り込んだうえで、現実的に行動せざるをえなくなる。公助が不在となれば、諸国家にとって「自助」と「共助」、つまり自衛と同盟が自らの安全を保つ手段として認識されることとなる。冷戦期もそうだったように、自国の平和と安全の維持において、諸国はすでに「脱国連」、あるいは「ポスト国連」の段階にある。

国家と国境の復権

社会党政権時代にフランスの外務大臣を務めたユベール・ヴェドリーヌは、二〇〇七年に刊行された著書『「国家」の復権』(原題はContinuer l'Histoire)のなかで国家の役割の重要性を説いた。ヴェドリーヌは「国家には国家固有の役割があり、その役割に関しては、国家は相変わらずなくてはならない存在なのである」として、「国家以降」、すなわち国家に取って代わる存在を安易に求める傾向を戒《いまし》めた。

ヴェドリーヌの警鐘は近年の潮流を予言したかのようである。さまざまな国家が限界を示す傍らで、国家、そして国境の復権という現象が起きている。ここでの国境は物理的な境界線に限らず、国境管理の制度を含めた広い概念である。

ある国においては国家分裂という遠心力が働き、国家の虚構性は覆いつくせないものとなる。新しい秩序がそこから生まれようとするが、保守的な国際社会は容易に認めようとはしない。ところが別の国においては国家に対する求心力が働く。この両極端の動きが二一世紀初頭の世界で著しい。一見したところ矛盾するこれらの現象だが、「共同体意識の明確化」という点で矛盾はない。

国家分裂の遠心力は、見方を変えれば、既存の国家以外の存在が求心力をもつようになった状況を指す。すなわち、国家が紐帯《ちゅうたい》の役割をもはや果たせなくなっているのである。人々は既存の国家に見切りをつけ、民族や宗教、宗派にもとづくコミュニティに帰属先を見いだそうとする。

その一方で、国家というコミュニティに対して帰属や愛着を新たにする人々がいる。国という「家」に人は寄り添うのである。すでに述べたが、国家には多かれ少なかれ虚構の要素が含まれる。人間が作るものである以上、人工的な存在である。だからこそ国家が荒波に遭ったとき、これを守り抜いていこうと人々は考える。国境の守りは言うまでもない。

国家と国境が復権しているのは、「国家が内外から挑戦を受けている」と市民が感じているからにほかならない。共同体意識の表れであり、自己防衛の反応である。外部の脅威から自国を守ろうと、国境線を堅固にし、出入国管理を厳格にするのは世界的な傾向である。ハンガリーばかりか、チュニジアやケニアなど、国境沿いに障壁を建設する国は増えている。国境を監視するドローンの増加や、メキシコとの間に「万里の長城」を築くとしたアメリカ大統領選挙のドナルド・トランプ候補の主張も、この現象の一端である。

たしかに「壁」には否定的なイメージがつきまとう。ただ、現実には、境界がしっかりと機能し、各自の生態圏が守られてこそ、安心して外界と交流することができる。トランプの扇動的な物言いは別として、分断は必ずしも否定的なものではない。むしろ合理的な棲み分けを意味することも多い。分断の象徴である壁やフェンスは、激動の時代にあって諸国家が自助に努め、自衛に励む姿と重なり合う。

しかし、強化された国境は、越境する者を選別する存在でもある。経済的負担や軋轢の種となる難民は「歓迎されざる客」として拒まれてしまう。難民の国際的保護にとっては厳しい時代である。

限界の認識

国家でさえも難民となる。この現象は今に限ったことではなく、歴史はその繰り返しだった。国家は揺るぎない存在では決してない。

難民や移民はそれぞれを見れば弱い存在かもしれないが、大勢となれば、国家を凌駕《りようが》しうる非国家主体となる。加えて、エマニュエル・トッドが言うように、外国人は社会に「ある種の無秩序」をもたらす。何重もの理由で、国家とその国民は、難民という非国家主体に対して自らの脆弱性を感じるようになる。攻守が逆転するのである。そうしたなかで「難民から国家を守る」という姿勢は強くなる。

他方で、人道危機の根本的な原因を解決するとしても、国連に多くを期待できない現実がある。国連の限界を認めたうえでの多国間外交にならざるをえない。

世界は深い苦悩のなかにある。先が見えない殺伐とした時代にあって、今後、自助に努める諸国は内向きの姿勢を強めていくことだろう。事実、ＮＧＯや国連が自国を救ってくれるわけでもなければ、便利な魔法の杖もどこにも落ちていない。国家という社会制度にも限界がある。その条件下で国家は厳しい時代を生き抜いていかなければならない。

だが、自国中心主義は、難民問題に限らず人道危機の解決をさらに難しくする。難民保護を含めた人道行動に関する諸々の課題は、そのような時流を背景に考えなければならない。つまり、限界の認識が出発点となる。

終章　解決の限界

根本原因は解決できるか

前章では狭義の難民問題から意図的に離れて、世界の構造的な変化を簡単ながら俯瞰した。既知の事実を確認したまでだが、難民問題を現実的な視点で見るためにも、こうした背景を押さえておくことは重要である。

難民問題との関連では、紛争や貧困を含めた人の移動の根本原因、すなわち押し出し要因への対応が関心を集めてきた。例えば、二〇一五年一一月にマルタのヴァレッタで開かれたEU・アフリカ諸国首脳会議（「人口移動に関する欧州のアジェンダ」の一環だった）では根本原因への対応が話し合われた。G7伊勢志摩サミットの首脳宣言も根本原因に言及している。さらに時代を遡れば一九八〇年代、難民の流出を防止しようと、国連総会で「難民の新たな流出を回避するための国際協力」や「(難民・避難民の)大量流出」といったテーマが議論された。

根本原因を解決することが難民流出に対する解決策である。問題の所在はすでに知られている。しかし、その解決には限界があると考えざるをえない現実がある。

この世から人間の争いを失くすことは難しい。政治的解決が困難だからこそ、人々は武力を用いて物事の決着をつけようとする。あるいはプロイセンの稀代の戦略家、カール・フォン・クラウゼヴィッツが言い当てたように、むしろ政治の継続として戦争が展開する。イスラム圏の動揺や破綻国家の出現は、まさに政治が動いていることの証明である。国家や地域に構造的変化が起きているとき、部外者が食い止めようとしても限界がある。

もちろん簡単に平和を諦めるわけにはいかない。紛争を予防し、平和を創出するための試行錯誤は多くおこなわれてきた。冷戦終結以降の四半世紀はその連続だった。

一九九〇年代、国連の再活性化と軌を一にするように「予防外交」が実践された。紛争が始まってから解決するよりも、紛争を未然に防ぐことを重視する考えである。その成果はいくらかはあったと思われる。第二次世界大戦後に比べればポスト冷戦期には紛争の回数は減っている。だが、国連や外交を通じた努力にもかかわらず、武力紛争は引き続き起きている。特に二〇一〇年以降の国際情勢は予防外交の難しさを示している。

紛争後の平和構築の取り組みも進められてきた。例えば、二〇〇一年のアフガニスタン戦争以降、この国には先進諸国からの多額の資金が投じられ、平和を定着させるためのプロジェクトがいくつも実施されてきた。日本も二〇一五年四月までに総額五七・九億ドル（円高の時期を加味して一ドル＝一〇〇円で換算すれば五七九〇億円）の援助をおこなっている。しかし、大規模な支援にもかかわらず、アフガニスタンから大勢の人が外国に流れているのが現実である。

限界に直面する取り組み

さらには、人々の安全を高め、人々を保護するための試みもなされてきた。

前述のとおり、日本は「人間の安全保障」を国連の場で積極的に唱えてきた国である。国連に基金を設置したり、草の根的な無償資金を二国間で供与したりするなど、世界レベルで人間の安全保障の促進に努めてきた。

「保護する責任」の概念も二〇〇〇年代、国際場裡で盛んに論じられた。一九九〇年代にルワンダやボスニア・ヘルツェゴヴィナといった国で大量虐殺が発生したが、これを防げなかったことへの反省から提唱された概念である。二〇〇五年九月の国連世界サミットの最終文書でも確認されている。より具体的には、国家に国民を保護する能力がなかったり、保護しようとしない場合、国際社会が国家の代わりにその責任を果たすというものである。この議論では条件付きながら軍事的な介入も想定されていた。

二〇一一年のリビアでのNATOの介入はこの概念を実現したものだった。たしかに独裁者による文民の殺戮《さつりく》は止まったが、独裁体制の崩壊によってたが外れ、国は混乱に陥った。その影響はサヘル地域ばかりか、非正規移動者の到来という形で欧州にも及んでいる。

より観念的なレベルでも平和に向けた取り組みがなされている。イランの提案を受け、一九九〇年代の末頃から国連の枠内外で文明間の対話が試みられた。国連教育科学文化機関（UNESCO）やイスラム教育科学文化機関（ISESCO）が数多くの会合を設け、イスラム圏や欧州諸国の関係者が寛容と多様性を語り合った。二〇〇二年にはアサド大統領の後援の下、シリアのダマスカスで「共存のための文明間対話に関する国際シンポジウム」も開かれている。そのイランは今やアサド政権を支援するべく、シリアにイスラム革命防衛隊を送り込んでいる。文明間対話の提唱国でさえも現実政治の呪縛から逃れることは難しい。

世界の平和と安定に向けた取り組みは数多い。だが、種々の努力にもかかわらず、武力紛争や過激主義の蔓延は止まらない。その事実は直視しなければならない。

難民の正義、国家の正義

根本問題の解決ばかりか、すでに見たとおり難民の受け入れにおいても課題は存在する。どの人間にも他者を思いやる気持ちがある。その総意として国家レベルでの難民の受け入れが実現してきた。しかし、社会の安寧や限られた財源といった問題を考えたとき、国民が示せる善意には限界が生じる。善意の上限を意識せずには、いかなる難民政策も現実的なものとはなりえない。その点を見誤ったところにEUの苦悩がある。

国境を越える難民や難民申請者がいる一方で、国境を管理する国家が存在する。双方にそれぞれの正義がある。両者の正義は共通の着地点を見つけることもあれば、それに至らない場合もある。そうした状況を変えようと、国家に抗い、対象者に寄り添い、運動論が展開される。ただ、その言説では、自らの生活圏を守りたいとする市民の立場は疎《おろそ》かにされがちである。問題に向き合う国家や社会を慮ることも少ない。脆弱なのは難民だけでない。国家や社会も深刻な問題を抱えていることがある。一面的な正義ばかりを唱えていては、これらの側面を見落としてしまう。

難民申請者の流入を抑えようとする動きも、社会が抱く懸念の表れである。その点ではオーストラリアが導入した「オフショア処理」は顕著な例である。悪名高い事例として引き合いに出されるが、この国が置かれた立場も理解する必要がある。

インドネシアの密航業者の手引きもあって、オーストラリアは非正規移動者の流入先となってきた。オーストラリア政府が対応に苦慮するなかで編み出したのが海外での難民審査である。同国の海域に非正規の形で到着した難民申請者はパプア・ニュー・ギニアやナウル（人口一万人の国家である）にある収容施設に留め置かれ、これらの国で審査を受けることになる。二〇一五年四月の時点で一二四九人が収容されている。

オフショア処理の是非が裁判で争われていたが、二〇一六年二月にオーストラリアの高等法院（最高裁判所）は合憲との判決を下した（ただし、同年四月、パプア・ニュー・ギニアの高等裁判所は同国でのオフショア処理について非合法との判決を下した）。

国連はこの措置に懸念を示してきた。人権NGOや一部の研究者からも批判が絶えないが、この時代にあっては現実的な政策ではなかろうか。難民申請者を隣国に隔離するのは美しくない。しかし、オーストラリアとして無制限に難民を受け入れることは難しく、非正規移動者の問題も深刻だった。オフショア処理は相当の財政負担だが、そこまでしてもオーストラリア国家は難民保護を実現しようと努力している、と見ることもできる。

受け入れの限界は乗り越えられるか

そのうえで、受け入れの限界は乗り越えられるかという点も考えてみたい。

冷戦期には西側諸国が共産圏からの難民の受け入れに利益を見いだすこともあったが、その種のシナリオの再現は期待しづらい。また、世界のほぼすべての土地が主権国家によって占められているなか、難民を都合よく吸収してくれるような土地も見当たらない。

かつてはそうした地域が存在し、それによってある程度は問題が解決するという構図があった。アメリカ大陸は欧州の諸問題を受け止める遠方のバッファー・ゾーンの役割を果たしてきた。ピルグリム・ファーザーズをはじめ、自国で居場所を失くした人たちや、生活困難にあった人たちが流れ着く新天地だった。一九世紀にアメリカに渡ったアイルランド移民の場合もそうである。アイルランドの「飢饉難民」はアメリカが吸収したのである。

特殊な事例だが、ユダヤ人の例も示唆的である。ソ連のなかでユダヤ人自治州が建設されたが、シベリアに作られた自治州は彼らが求める約束の地ではなかった。その一方で、戦間期のユダヤ難民の問題は、世界各地への逃避に加えて、イギリスの委任統治領であったパレスチナへの移住、そしてイスラエル国家の建設によって解決を見た。だが、その解決もパレスチナ難民という悩ましい問題を生んだ。

主権国家による難民の受け入れに限界があるなかで、それを乗り越えるべく、難民を「人材」として前向きに捉えようとする議論がある。受け入れ推進派の論者やUNHCRが唱えることが多い。なるほど期待できるかもしれない。ユダヤ難民のアルベルト・アインシュタインや、ユダヤ人でハンガリー難民のアンドルー・グローヴ（半導体メーカー、インテルの最高経営責任者を務めた）など、傑出した人材をアメリカは獲得している。

こうした側面はあるが、人材論は難民政策を進展させるだけの説得力をもたない。付随する問題やコストを考えたとき、実利は相殺される。国や民族、社会階層、歩んできた社会環境によって人材の質は変わりうる。また、アメリカが好例だが、難民や移民が参政権を得ると、単なる人材を超えて、受け入れ国の内政と外交を揺さぶる主体となる。人材は諸刃の剣である。

あるいはまったく別の方法として、カナダなどで先例があるように、外国にいる条約難民を個人がスポンサーとなって受け入れる枠組みもある（「プライベート・スポンサーシップ」と呼ばれる）。これであれば国家財政に過度な負担を与えることはないかもしれない。

ただ、手厚い支援を受ける難民がいる一方で、支援から漏れる難民や受け入れ国の貧困層との格差が生まれるなど、問題は残る。一旦はスポンサーが引き受けたものの、難民との間でトラブルが生じたり、スポンサーが疲れを感じたり、金銭的に余裕がなくなったりして、難民が放置されてしまうことも考えられる。自立までの過程を含め、結局は行政が面倒を見なければならないとしたら元の木阿弥《もくあみ》である。社会統合も成功するとは限らない。善良な人々を巻き込むだけに、こうした手法は慎重に考えたほうが良いと思われる。

世界を巨視的に見たとき

今後、世界で難民は流出し続けるのだろうか。国内避難民や紛争被害者の発生もやまないのか。流動的な世界にあって将来を正確に予測することは難しいが、目下の世界情勢を現実的に受け止めることは難民問題を考える一つの手掛かりとなる。

歴史学者の山内昌之は、「シリア戦争や中東各地の内戦が結び付いた中東複合危機が第三次世界大戦をもたらすのではないか、というシナリオも検討する必要がある」と的確に指摘している。表現は仰々しいが、「第三次世界大戦」は決して誇張ではない。ローマ教皇フランシスコも警告を発しつつ、これに言及してきた。

現に、世界レベルでは国家間の協調関係が維持されつつも、一定の緊張感が生まれている。それは、グローバル・ジハードのような非国家の暴力的な動きに加えて、ロシアや中国による領土拡張の動き、シリアやイエメンで見られるような代理戦争、さらには武力以外の戦争が複雑に組み合わさったものである。武力以外の戦争では、サイバー戦争や中国の「三戦」（世論戦、心理戦、法律戦）が指摘できる。

従来とは違う形だが世界レベルの対立が起きている点に着目すれば、「世界大戦」の見方は説得的である。少なくともさまざまな場面で見られる緊張や対立は見落としてはならない。世界的に見たときに焦点となるのが、中国の膨張主義もさることながら、イスラム圏の動向である。二〇一六年の時点でシリアとイラクでのISの勢力拡大は抑えられているものの、イスラムを標榜する過激主義が今後どのように推移するかは予測が難しい。その熱波がすぐに収まるとは考えづらい。各地で政治的混乱が起こり、被害に遭った人々や、混乱を嫌った人々が一定数、国外に流出すると想定するべきだろう。

EUへの非正規移動者の流入については、「二〇一四年組」や「二〇一五年組」に触発され、人の動きが当面続くことが予想される。それはすでに故郷を離れた難民や国内避難民にとどまらない。潜在的な移動者となると未知数だ。活気づいた密航ビジネスは取り締まりがなければ続くだろうし、先駆者の成功は次なる人口移動を誘引するだろう。現状ではEUは日本にとって遠方のバファー・ゾーンとなっているが、そのEUが非正規移動者の流れをせき止めたとき、日本を含めた他の先進諸国にどう影響するかは留意したい点である。

加えて、長期的な世界の人口動態にも目配りが必要である。世界人口は二〇五〇年には九七億人に、二一〇〇年には一一二億人に達すると予測される。その一方で、先進国の人口の成長は伸び悩む。その間にも気候変動が進み、影響を受けた人々が生計手段を求めて移動を試みる。都市人口の増加や識字率の向上は、国外移動を身近な選択肢とするだろう。諸々を勘案すれば、先進国に対する人口移動の圧力は今後ますます強くなると考えられる。その場合、人口流入への対応や社会構造はどうあるべきか。

ホモ・モーベンスという言葉のとおり、人間には「動民」的な性向がある。グローバル化のなかで、先進国の人々も途上国の人々もそれぞれにモビリティを発揮する。だが、越境的な人の移動は、安寧秩序を乱すとともに社会の骨格を崩しかねない。閉鎖的なシステムである国家は秩序を前提とするが、越境的な人口流入は無秩序と紙一重である。

日本の場合、無節操な開放主義をとることなく、閉鎖性を保ちながら巧みに外界と接してきた。だからこそ海外の文化を受容しつつも、安定した社会秩序を享受している。その反対を歩み、多くの問題を抱え込んでいる欧州の姿は、あらためて私たちに教訓を与えている。

今後の世界を見据えた政策へ

こうしたなかで、難民政策はどのように展開していくのか。どの先進国も無制限に難民を受け入れられる状況ではない。二〇一五年までに多くの難民申請を受け付けたEU諸国が、今後もこのペースで難民申請者に対処できるとは考えにくい。むしろこれらの国々での難民保護は狭き門となる可能性が高い。また、デンマークのラース・ルッケ・ラスムセン首相が可能性を示唆したように、難民条約の再検討が議論されていくかもしれない。

最後に、日本は難民政策とどう向き合うのが良いかをあらためて考えたい。問題点はすでに論じたとおりだが、難民条約に関してはいくつかの選択肢がある。条約に加入し続け、現在の政策を維持する、または難民定義を柔軟に解釈し、受け入れ数を拡大する。あるいは条約から脱退し、独自の道を世界に示す——。

「動揺する世界だからこそ、難民条約を維持する意味がある」という意見もあるだろう。迫害を受ける人々にとって難民保護制度が最後の砦になっていると考えるならば、この制度を維持していくことにはそれなりの意義がある。

しかし、現在の世界情勢を見れば、この条約に加入し続けることに積極的な意義は見いだしづらい。二一世紀初頭の国際環境は、難民条約が策定された一九五一年のそれとは大きく異なる。紛争が絶えず、大量の人が縦横無尽に動く時代である。難民を受け入れることが国益に直結するとは言いがたく、難民条約の遵守にともなう行政の負担、さらには安全保障上の危険は増している。日本の国家安全保障戦略（二〇一三年一二月閣議決定）で特段の対応は示されていないが、越境する人こそが安全保障上の脅威となりうる時代である。従来の難民保護の理論では通用しない現実がすでにある。

さまざまな弊害を考えたとき、難民条約の適用を一定期間、停止する、あるいは条約から脱退することも一つの案である。それによって、今や年間七〇〇〇件に上る難民認定の申請を受理し、それらを審査する義務は免れる。安全保障上の事案を含めた制度濫用の問題は避けられ、制度維持のために貴重な税金を費やす必要もなくなるだろう。もちろん、脱退の場合でも、第三国定住の枠組みで秩序ある形で難民を受け入れたり、UNHCRへの資金拠出を通じて途上国の難民を支援したりすることは可能である。

こうした議論は皆無ではない。二〇〇〇年九月にオーストラリアの国会に提出された調査報告書も、条約からの脱退もしくは難民政策の厳正化という選択肢に言及していた。それ以降、オーストラリア政府は脱退までは行かなかったが、厳正化の方向で進んできた。

この条約に加入し続けなくてはならない義務はない。第四四条が示すように、脱退も条約で定められた権利である。先進諸国は総じて難民条約に加盟しているから、人目を気にするなら勇気が要るが、先進国の側から一石を投じる意味はある。

難民条約の理念的な美しさは、宗教のように人々を原理主義的にしやすい。しかし、現実世界に照らし合わせてこの条約の妥当性を考える必要がある。どの方向をとるにせよ、EUの自縄自縛の姿を念頭に置きつつ、現実的な観点から議論されることが望ましい。

あとがき

この本は葛藤の産物である。

さまざまな立場にふれることは、時として苦しみをもたらす。一つの主義主張に固執しているとき、悩むことは少ない。だが、それぞれの立場に一理を見いだせるとき、分裂に似たような経験をするものである。難民問題を論じる際に現実主義の立場に立ち、安全保障の観点にふれるのは、まさにそうしたことだった。

難民支援は夢想主義に陥りやすい。そこでは「寛容」や「多様性」といった美しい言葉が躍り出す。対象者と接しているがゆえに、急進的な運動論も生まれがちになる。ただ、この問題は綺麗事では収まらない複雑な側面を浮き彫りにする。薄汚れた政策手段も場合によっては必要となる。誰も正面きって語りたくはないだろう。人々が直面する厳しい状況を知りながら自分たちの安全と安寧を優先させようとするのだから。しかし、難民問題は多様な観点で、かつ冷静に議論される必要があった。

本書には二〇一四年四月に出版した共編著『難民・強制移動研究のフロンティア』への反省も込められている。難民・強制移動研究は特定の対象者のために格闘するが、それゆえ葛藤を知らない。その性格が表れたのだろう、共編著では難民受け入れを推進する側の議論が強調された一方で、流入に向き合う国や社会の安寧といった観点が抜け落ちた。

主編者を務めた筆者自身、日本での難民受け入れについては積極的でも否定的でもなく、現状維持といったところだった。それなりの意義があると考えていて、慎重論を展開するには至っていなかった。しかし、その後のEU諸国で明るみに出た諸問題は、従来の難民議論で見過ごされていた側面を再認識させる結果となった。共編著とは時間差が生じたが、本書を通じて国際環境の変化に対応しつつ、問題の全体像を補完できればと思っている。

本書の起点となったのは、二〇一五年一〇月におこなった市民向けの講演会（武蔵野地域五大学共同講演会「二〇一〇年代の人道危機――変動する国際環境のなかで」）の原稿である。筆者にとって有意義な講演会だった。本書の発刊が講演会の関係者や聴講者への返礼となればと思っている。「現実主義的な話をありがとうございました」と一言残して会場を後にされた男性の聴講者には、特に本書を読んでいただく機会があればと願う。

本書の執筆にあたり、中公新書の編集部部長、白戸直人氏、ならびに同編集部、田中正敏氏には一方ならぬお世話になった。白戸さんとの対話からいくつもの示唆を得た。産婆術とはこのことだろう。その後、担当となられた田中さんは原稿の完成まで大変丁寧に面倒を見てくださった。「この一冊で今の難民問題が分かるというものにしてほしい」という田中さんの言葉は具体的な指針となった。お二人には記して感謝したい。

構想の段階で「善意の上限」に関心を示した当時のゼミ生のWさんにもお礼を伝えたい。この言葉は編集部の白戸さんも注目し、本書を貫くコンセプトとなっていった。いろいろと意見交換をすることとなった妻にもお礼を言いたい。一般読者の代表として忌憚《きたん》のないコメントを寄せてくれた。親しくさせていただいている国際法学者と中東駐在の国連職員にも原稿を読んでもらった。それぞれお名前は伏せておくが、的確なコメントに感謝している。

文責がすべて筆者にあることは言うまでもない。新旧の所属先や業務提供先とは何ら関係のない、一介の研究者による本であることを記しておく。

早期の出版を念頭に置きつつ、イスラム圏とEU、そして日本を中心に原稿を執筆した。「難民問題」と銘打っておきながら、言及しなかった地域や課題は多い。EUにおける難民認定の判断基準やUNHCRの具体的な活動にもふれていない。その割にはイスラム圏の動向や欧州社会の変容、日本の財政、世界の構造的な変化にも言及するなど、従来の難民関連の本とは趣が異なる。それでも「何が問題となっているのか、問題となるのか」という大きな輪郭は描けたと思っている。

文献の購入や現地視察（アテネ、コス島、ボドルム）にあたっては「成蹊大学研究助成」の助成金を利用した。また、大学図書館ではいくつかの文献を取り寄せていただいた。研究助成課ならびに大学図書館の皆様に深謝申し上げる。

事実関係については、巻末に記した報道記事や各種資料を参照した。ただ、新書という形態もあり、本文で出典を詳細に記すことは叶わなかった。ご理解願いたい。

本書では客観的で公平な分析をおこなうことを旨としたが、人道主義の限界を冷静に見つめる結果となった。それは、現在の厳しい国際情勢のみならず、どこかで線を引かなければならないという人間社会の現実から導き出された、筆者なりの結論である。

二〇一六年六月

墓田　桂

2000
Reuters, 'Denmark wants Geneva Convention debate if Europe cannot curb refugee influx ', 28 December 2015

毎日新聞「シリア難民問題　金だけ支援、入国はNO 「鎖国日本」に厳しい視線」2015年10月6日
毛受敏浩『人口激減――移民は日本に必要である』新潮社、2011年
読売新聞「不法滞在者難民申請、法改正後急増…送還逃れか」2015年3月29日
読売新聞「難民申請中に女性乱暴容疑、トルコ人2人逮捕」2016年2月22日
蘭信三［編著］『帝国以後の人の移動――ポストコロニアリズムとグローバリズムの交錯点』勉誠出版、2013年
Yahoo! News意識調査「日本の難民受け入れ、どう思う？」実施期間：2015年9月15日～2015年9月25日
PricewaterhouseCoopers, *The World in 2050: Will the shift in global economic power continue?*, February 2015
Ruth Ellen WASEM, *U.S. Immigration Policy on Haitian Migrants*, CRS Report for Congress, 17 May 2011

◉第5章
ヴェドリーヌ，ユベール（橘明美［訳］）『「国家」の復権――アメリカ後の世界の見取り図』草思社、2009年
色摩力夫『国際連合という神話』PHP研究所、2001年
トッド，エマニュエル「世界の敵はイスラム恐怖症だ――二つの仏テロ事件が暴露した欧州の病理」、『文藝春秋』2016年3月号、120-129頁
CNN「トランプ氏提案の「国境の壁」 コストは1兆円？」2016年2月28日
Ali MAZRUI, 'The African State as a Political Refugee: Institutional Collapse and Human Displacement', *International Journal of Refugee Law*, Special Issue, Summer 1995, pp. 21-36

◉終　章
外務省「日本のアフガニスタンへの支援――自立したアフガニスタンに向けて」2015年4月
山内昌之『中東複合危機から第三次世界大戦へ――イスラームの悲劇』PHP研究所、2016年
Australian Broadcasting Corporation, 'High Court throws out challenge to Nauru offshore immigration detention; Malcolm Turnbull vows people smugglers will not prevail', 8 February 2016
Adrienne MILLBANK, *Moral confusion and the 1951 Refugee Convention in Europe and Australia*, The Australian Population Reseach Institute, March 2016
Parliament of Australia (prepared by Adirienne MILLBANK), *The Problem with the 1951 Refugee Convention*, Research Paper 5 2000-01, 5 September

朝日新聞「(データを読む　世論調査から) 難民の受け入れ 変わらない消極姿勢」2016年1月30日
朝日新聞「シリア難民、150人受け入れへ　日本政府、留学生で」2016年5月19日
アジア福祉教育財団『愛』第36号 (2012年) (特集「ボートピープル到着の頃」)
アジア福祉教育財団『なんみんと日本』(冊子「愛」別冊　学習まんが) 2013年2月
アジア福祉教育財団難民事業本部『インドシナ難民の定住状況調査報告』1993年3月
アジア福祉教育財団難民事業本部ホームページ「インドシナ難民とは」「日本の難民受け入れ」(2016年6月30日最終閲覧)
高鮮徽『20世紀の滞日済州島人――その生活過程と意識』明石書店、1998年
産経ニュース「「難民申請すれば日本で働けると…」制度悪用容疑のベトナム人夫婦を逮捕　警視庁」2016年1月22日
産経ニュース「世論調査 主な質問と回答 (2月)」2016年2月22日
首相官邸ホームページ「第70回国連総会における安倍内閣総理大臣一般討論演説」2015年9月29日 (2016年6月30日最終閲覧)
首相官邸ホームページ「内外記者会見」2015年9月29日 (2016年6月30日最終閲覧)
関聡介「続・日本の難民認定制度の現状と課題」、難民研究フォーラム［編］『難民研究ジャーナル』第2号 (2012年)、2-23頁
世古将人「日本政府の難民政策――インドシナ難民を中心に」、『国際関係学研究』第16号 (2003年)、51-73頁
全国難民弁護団連絡会議「難民認定申請数及び認定数の推移・出身国別」2016年3月30日
中坂恵美子『難民問題と『連帯』――EUのダブリン・システムと地域保護プログラム』東信堂、2010年
日本経済新聞「首相、中東支援に2900億円超 カイロで表明」2015年1月17日
日本経済新聞「「日本も難民を受け入れるべきだ」64%」2015年9月17日
日本国際社会事業団『我が国におけるインドシナ難民の定住実態調査報告 (外務省委託調査)』1985年3月
吹浦忠正『難民――世界と日本』日本教育新聞社、1989年
吹浦忠正「日本の難民受け入れに関する誤解」nippon.com、2015年7月14日
法務省『第5次出入国管理基本計画』2015年9月
法務省入国管理局「平成27年における難民認定者数等について (速報値)」2016年1月23日

Quotas', 3 March 2016
Pew Research Center, 'The Future of World Religions: Population Growth Projections, 2010–2050', 2 April 2015
Pew Research Center, 'Euroskepticism Beyond Brexit', 7 June 2016
Reuters, 'Children among 71 migrants found dead in truck in Austria', 29 August 2015
Reuters, 'Two suspected of links to Paris attacks arrested in Austria refugee center', 16 December 2015
Reuters, 'Germany's Merkel says refugees must return home once war is over', 30 January 2016
Reuters 'German government expects arrival of 3.6 million refugees by 2020: media', 24 February 2016
Reuters, 'EU looks to Turkey to end migrant crisis', 7 March 2016
Sky News, 'Germany: 'No Limit' To Refugees We'll Take In', 11 September 2015
Spiegel Online, 'Third Republic: Germany Enters a Dangerous New Political Era', 8 March 2016
TARKI Social Research Institute, *The Social Aspects of the 2015 Migration Crisis in Hungary*, March 2016
The Guardian, 'Migrant crisis: EU plan to strike Libya networks could include ground forces', 13 May 2015
The Guardian, 'How the terror attacks in Paris unfolded', 15 November 2015
The New York Times, 'Syrian Asylum Seeker Linked to Mass Killing Is Arrested in Sweden', 14 March 2016
The Telegraph, 'Suddenly, the Swedes are talking about their refugee problem', 16 January 2016
The Times, 'Aid agencies shun refugee Lesbos 'prison' camp', 25 March 2016
The Times of Israel, 'Breed and conquer Europe, al-Aqsa preacher exhorts Muslims', 19 September 2015
The Washington Post, 'Slovakia's leader said Islam has 'no place' in his country. Now he's taking a leadership role in the E.U.', 21 June 2016

●第４章

明石純一『入国管理政策――「1990年体制」の成立と展開』ナカニシヤ出版、2010年
朝日新聞「難民申請、実は就労目的　留学生や実習生「乱用」増加」2014年10月26日
朝日新聞「「難民受け入れは積極的平和主義の一部」緒方貞子氏」2015年9月24日
朝日新聞「東京の大使館前でトルコ人乱闘　数百人、在外投票で対立」2015年10月25日

EUobserver, 'Nato to help Turkey and Greece 'stem flow' of refugees', 11 February 2016
EUobserver, 'Over 130,000 migrants missing in Germany', 26 February 2016
EUobserver, 'EU-Turkey readmission deal in doubt', 6 June 2016
European Commission, 'European Agenda on Migration: Securing Europe's External Borders', Factsheet, 15 December 2015
European Commission, 'Relocation and Resettlement: EU Member States urgently need to deliver', Press release, 16 March 2016
European Commission, 'Relocation and resettlement - State of Play', Factsheet, 18 May 2016
European Commission, *Fourth report on relocation and resettlement*, 15 June 2016
EUROPOL, *Migrant Smuggling in the EU*, Europol Public Information, February 2016
EUROPOL/INTERPOL, *Migrant Smuggling Networks*, Joint EUROPOL-INTERPOL Report, May 2016
Eurostat, 'EU Member States granted protection to more than 330 000 asylum seekers in 2015', Press Release 75/2016, 20 April 2016
FRONTEX, *Risk Analysis 2016*, March 2016
International Business Times, 'Isis in Italy: Suspected Daesh operative posing as Syrian refugee arrested in Sicily', 14 December 2015
International Business Times, 'Belgium: Afghan migrant, 16, 'rapes worker at asylum centre'', 20 February 2016
IOM, *Migration Trends Across the Mediterranean: Connecting the Dots*, June 2015
IOM, 'Irregular Migrant, Refugee Arrivals in Europe Top One Million in 2015: IOM', 22 December 2015
IOM, 'IOM Counts 3,771 Migrant Fatalities in Mediterranean in 2015', Press Release, 5 January 2016
L'Express, 'Islamophobie: "En France, critiquer les musulmans est devenu le sport national"', 9 janvier 2016
Le Figaro, 'Attentats: une équipe《recrutée》à Budapest', 3 décembre 2015
Le Journal du Dimanche, 'La fin d'Abdelhamid Abaaoud, pièce maîtresse des attentats', 22 novembre 2015
Le Point, 'Marine Le Pen compare l'afflux de migrants aux invasions barbares', 15 septembre 2015
Le Point, 'Abdelhamid Abaaoud en France : "Schengen est une passoire"', 19 novembre 2015
NATO, 'Assistance for the refugee and migrant crisis in the Aegean Sea', 27 June 2016 (web page, last accessed 30 June 2016)
Nézőpont Intézet, '80 Percent of Hungarians Reject Mandatory Immigration

2016年3月2日
三井美奈『イスラム化するヨーロッパ』新潮社、2015年
三好範英『ドイツリスク――「夢見る政治」が引き起こす混乱』光文社、2015年
山崎加津子「ドイツの3州議会選挙で難民反対のAfD躍進――既成政党に対する「警告」」大和総研、2016年3月14日
山本哲史「大量難民――国際法の視点から」、墓田桂・杉木明子・池田丈佑・小澤藍［編著］『難民・強制移動研究のフロンティア』前掲書、229-243頁
ロイター「独国民の40%「メルケル首相辞任すべき」、難民政策に不満=調査」2016年1月29日
労働政策研究・研修機構「50年後のガストアルバイター――WSI調査」国別労働トピック、2014年12月
AFP「ドイツで難民申請する「シリア人」、3割が国籍偽装か」2015年9月26日
The Wall Street Journal日本版「難民殺到を誘発したドイツ当局のツイート」2015年9月11日
AP, 'Merkel: No legal limit to asylum seekers Germany can take', 5 September 2015
Barry BUZAN, 'New Patterns of Global Security in the Twenty-First Century', *International Affairs*, Vol. 67, No. 3, 1991, pp. 431-451
BBC, 'The Facebook smugglers selling the dream of Europe', 13 May 2015
BBC, 'Migrant crisis: Austria asylum cap begins despite EU anger', 19 February 2016
BBC, 'Angela Merkel's CDU suffers German state election setbacks', 16 March 2016
Deutschbank Research, *Influx of refugees: An opportunity for Germany*, 13 November 2015
DW, 'Sharia4Belgium head sentenced to 12 years in jail', 11 February 2015
DW, 'Germany arrests suspected Syrian jihadi for 'war crime'', 22 January 2016
DW, 'The costs of the refugee crisis', 1 February 2016
DW, 'Austria's rapid reversal in refugee policy', 3 March 2016
DW, 'Three suspected 'IS' militants arrested for allegedly planning attack in Düsseldorf', 2 June 2016
EUobserver, 'Fortress Europe reinforced in Hungary and Austria', 16 September 2015
EUobserver, 'More EU states oppose 'permanent' refugee quotas', 16 October 2015
EUobserver, 'Sweden must be able to say No to refugees', Opinion, 18 December 2015
EUobserver, 'Germany tightens asylum rules', 29 January 2016

as country faces refugee crisis', 2 February 2016
The White House, 'Remarks by the President in Address to the Nation on Syria', 10 September 2013
Mattia TOALDO, 'Libya's Migrant-Smuggling Highway: Lessons for Europe', Policy Memo, European Council on Foreign Relations, November 2015
United Nations, *Report of the Independent International Commission of Inquiry on the Syrian Arab Republic*, A/HRC/31/68, 11 February 2016
United Nations Assistance Mission in Afghanistan, 'Civilian Casualties Hit New High in 2015', News, 14 February 2016
United Nations Iraq, 'Civilian Casualties (Summary)' (web page, last accessed 30 June 2016)
United Nations Office for the Coordination of Humanitarian Affairs, *Regional Refugee & Resilience Plan 2016-2017 in Response to the Syria Crisis: Regional Strategic Overview, Humanitarian Needs Overview 2016: Syrian Arab Republic*, December 2015
United Nations Office for the Coordination of Humanitarian Affairs, *Syrian Arab Republic: Humanitarian Response Plan: January-December 2016*
World Bank, *Turkey's Response to the Syrian Refugee Crisis and the Road Ahead*, December 2015

◉第３章

ウエルベック，ミシェル（大塚桃［訳］）『服従』河出書房新社、2015年
遠藤乾『統合の終焉――EUの実像と論理』岩波書店、2013年
加藤眞吾「人の自由移動政策――労働移民と国境管理」、国立国会図書館調査及び立法考査局［編］『拡大EU――機構・政策・課題：総合調査報告書』2007年3月、129-142頁
嵯峨嘉子「ドイツにおける貧困の現状と対策の課題」、『海外社会保障研究』No.177（Winter 2011）、31-39頁
時事通信「難民減「欧州の戦略機能」＝EU大統領が来日記者会見」2016年5月26日
正躰朝香「移民政策のヨーロッパ化――EUにおける出入国管理と移民の社会統合をめぐって」、『世界問題研究所紀要』第28巻（2013年）、171-184頁
滝澤三郎「日本における難民第三国定住パイロット事業――難航の背景を探る」、墓田桂・杉木明子・池田丈佑・小澤藍［編著］『難民・強制移動研究のフロンティア』現代人文社、2014年、144-163頁
トッド，エマニュエル（堀茂樹［訳］）『「ドイツ帝国」が世界を破滅させる――日本人への警告』文藝春秋、2015年
ナショナル ジオグラフィック日本版「7万人もの難民が押し寄せた176人の村の現実」2015年11月2日
毎日新聞「オーストリア 難民流入抑止へ アフガンのメディアに広告」

Human Rights Watch, *Genocide in Iraq: The Anfal Campaign Against the Kurds*, July 1993

Human Rights Watch, 'Afghanistan: Civilian Deaths From Airstrikes', 8 September 2008

Human Rights Watch, 'Libya: Benghazi Civilians Face Grave Risk: International Community Should Act to Protect Population', 17 March 2011

Human Rights Watch, 'Syria: Incendiary Weapons Used in Populated Areas', 12 December 2012

IDMC, *Iraq: IDPs caught between a rock and a hard place as displacement crisis deepens*, 30 June 2015

Aslı ILGIT and Rochelle DAVIS, 'The Many Roles of Turkey in the Syrian Crisis', Middle East Research and Information Project, 28 January 2013

IOM（Afghanistan）, *Afghanistan: Migration Profile*, 2014

IOM（Iraq）, *Ongoing Displacement: A Profile of Iraq 2013-2014*, September 2014

IOM（Iraq）, *Migration Flows from Iraq to Europe*, February 2016

Iraq Body Count（in association with Oxford Research Group）, *A Dossier of Civilian Casualties 2003-2005*, July 2005

Mark NAFTALIN and Kristian Berg HARPVIKEN, 'Rebels and Refugees: Syrians in Southern Turkey', Prio Policy Brief, 10 September 2012

Şenay ÖZDEN, *Syrian Refugees in Turkey*, MPC Research Report 2013/05, Migration Policy Centre, 2013

Radio Free Europe/Radio Liberty, 'Afghanistan Tries To Stem Tide Of Migration 'Brain Drain'', 22 September 2015

Tuesday REITANO and Peter TINTI, *Survive and advance: The economics of smuggling refugees and migrants into Europe*, Institute for Security Studies, November 2015

Steven SIMON and Jonathan STEVENSON, 'The End of Pax Americana: Why Washington's Middle East Pullback Makes Sense', *Foreign Affairs*, November/December 2015, pp. 2-10

The Atlantic, 'The Obama Doctrine: The U.S. president talks through his hardest decisions about America's role in the world', April 2016

The Global Initiative against Transnational Organized Crime, 'Libya: a growing hub for Criminal Economies and Terrorist Financing in the Trans-Sahara', Policy Brief, 11 May 2015

The Jordan Times, 'Only 2% of Syrians heading to Europe come from Jordan', 23 March 2016

The New York Times, 'A New Wave of Migrants Flees Iraq, Yearning for Europe', 8 September 2015

The Telegraph, "Half a million Syrians in Jordan considering heading to Europe'

スラーム辞典』岩波書店、2002年
鹿島正裕『増補新版　中東政治入門――アラブの春とその背景』第三書館、2013年
国枝昌樹『イスラム国の正体』朝日新聞出版、2015年
公安調査庁『国際テロリズム要覧（Web版）』2015年
小杉泰『イスラーム文明と国家の形成』京都大学学術出版会、2011年
酒井啓子「「イスラーム国」はイラク戦争とシリア内戦で生まれた」、吉岡明子・山尾大［編］『「イスラーム国」の脅威とイラク』岩波書店、2014年、1-18頁
髙岡豊「「イスラーム国」とシリア紛争」、吉岡明子・山尾大［編］『「イスラーム国」の脅威とイラク』前掲書、177-202頁
立山良司「序論：変化する中東の安全保障環境」、国際安全保障学会編『国際安全保障』第43巻第3号（2015年12月）（「変化する中東の安全保障環境」）、1-14頁
ナポリオーニ，ロレッタ（村井章子［訳］）『イスラム国――テロリストが国家をつくる時』文藝春秋、2015年
西野正巳「イスラーム主義急進派のイデオロギーの変遷についての一考察――1990年代以降の急進派内の意見対立を中心に」、『防衛研究所紀要』第15巻第2号（2013年2月）、83-98頁
松本光弘『グローバル・ジハード』講談社、2008年
宮坂直史「「新しいトータル・ウォー」の時代――テロリズムの要因と対策」、『外交フォーラム』編集部［編］（田中明彦［監修］）『「新しい戦争」時代の安全保障』都市出版、2002年、137-158頁
CNN「リビアのISIS戦闘員が倍増、最多6千人に 米アフリカ軍」2016年4月9日
Luigi ACHILLI, *Syrian Refugees in Jordan: a Reality Check*, Migration Policy Centre, February 2015
AFP, ‘Turkey says 100,000 refugees in border camps inside Syria’, 13 February 2016
Al Jazeera America, ‘Why isn’t Israel accepting more refugees?’, 22 September 2015
BBC, ‘Syria conflict: Jordanians ‘at boiling point’ over refugees’, 2 February 2016
Linda J. BILMES, *The Financial Legacy of Iraq and Afghanistan: How Wartime Spending Decisions Will Constrain Future National Security Budgets*, Faculty Research Working Paper Series, Harvard Kennedy School, March 2013
Gulf News, ‘GCC countries have a clear strategy in dealing with refugee crisis, conference hears’, 14 December 2015
Richard N. HAASS, ‘The New Thirty Years’ War’, Project Syndicate, 21 July 2014

26日
キング，ラッセル［編］（蔵持不三也［監訳］、セルデン，リリー［訳］）『図説　人類の起源と移住の歴史——旧石器時代から現代まで』柊風舎、2008年
黒川紀章『ホモ・モーベンス——都市と人間の未来』中央公論社、1969年
舘葉月「内戦期ロシア難民とフランス 1918-1929年——難民援助のための国際的枠組みの構築」、『史學雑誌』第117編1号（2008年）、1-34頁
吹浦忠正『難民——世界と日本』日本教育新聞社、1989年
森公章『「白村江」以降——国家危機と東アジア外交』講談社、1998年
安江弘夫『大連特務機関と幻のユダヤ国家』八幡書店、1989年
山本哲史［編］『難民保護の理論と実践』特定非営利活動法人「人間の安全保障」フォーラム、2014年
UNHCR「5年目に突入するシリア危機　国際社会へ更なる支援を要請」（プレスリリース）2015年3月12日
El Consejo Ciudadano para la Seguridad Pública y la Justicia Penal, 'San Pedro Sula, la ciudad más violenta del mundo; Juárez, la segunda', 11 Enero 2012
Nils Petter GLEDITSCH, 'The Fire in the House of Islam', PRIO Blogs, 20 March 2015
IDMC, *Global Report on Internal Displacement*, May 2016
Gil LOESCHER, *The UNHCR and World Politics: A Perilous Path*, Oxford University Press, 2001
Nobel Prize, 'Award Ceremony Speech', Presentation Speech by Fredrik Stang, Chairman of the Nobel Committee, 10 December 1922（web page, last accessed 30 June 2016）
Therése PETTERSSON and Peter WALLENSTEEN, 'Armed conflicts, 1946-2014', *Journal of Peace Research*, Vol. 52, 2015, pp. 536-550
Claudena SKRAN, *Refugees in Inter-War Europe*, Oxford University Press, 1995
John George STOESSINGER, *The Refugee and the World Community*, The University of Minnesota Press, 1956
UNHCR, *Global Trends: Forced Displacement in 2015*, June 2016
United Nations Office on Drugs and Crime, *Global Study on Homicide 2013*, Vienna, 2014

◉第2章
朝日新聞「「難民受け入れ押しつけは偽善」トルコ大統領、国連に」2016年2月12日
安部川元伸『国際テロリズムハンドブック』立花書房、2015年
池内恵『イスラーム国の衝撃』文藝春秋、2015年
大塚和夫・小松久男・羽田正・小杉泰・東長靖・山内昌之［編］『岩波 イ

主要参考文献

ここに掲載したのは、執筆にあたって参照した主な文献である。各章に分けて、日本語、外国語の順で掲載した。新聞を含めたメディアの記事は基本的に電子版である。Agence France-Presse（AFP）、Associated Press（AP）、British Broadcasting Corporation（BBC）、Cable News Network（CNN）、Deutshe Welle（DW）はそれぞれ略語で記した。

データについては、UNHCRの *Global Trends* やIDMCの *Global Overview* のほか、EUの Eurostat や国連の各種統計などを参照した。数値は原則的に四捨五入とした。

なお、第5章と終章で、拙稿（「流動する2010年代の世界情勢――難民問題の政治的背景」、日本赤十字国際人道研究センター［編］『人道研究ジャーナル』2016年）を部分的に用いた。また、拙著（『国内避難民の国際的保護――越境する人道行動の可能性と限界』勁草書房、2015年）の原稿も所々で転用した。

◉はしがき

時事通信「難民で「地殻変動の危機」＝トゥスク大統領警告－EU」2015年10月28日

毎日新聞「シリア難民「アランちゃん」映像、波紋　男児の遺体漂着　欧州首脳も反応」2015年9月4日

ロイター「幼児の溺死写真が大きな波紋、難民流入問題でEU協議へ」2015年9月3日

AFP時事「デンマーク、難民抑制法案を可決　財産没収など定め非難集中」2016年1月27日

AFP時事「スウェーデン、最大8万人の難民申請者を国外退去へ」2016年1月28日

CNN「難民の15歳少年、職員の女性を刺殺　スウェーデン」2016年1月26日

AP, 'Merkel: No legal limit to asylum seekers Germany can take', 5 September 2015

DW, 'Cologne New Year's Eve complaints rise sharply', 10 January 2016

Le Monde, 'La tragédie de la famille Kurdi', 4 septembre 2015

Reuters, 'Holder of Syrian passport found near Paris gunman crossed Greece', 14 November 2015

Reuters, 'Afghan teen charged with raping worker at Belgian asylum center', 19 February 2016

◉第1章

池上彰「21世紀の民族大移動が始まった」日本経済新聞、2015年10月

墓田 桂（はかた・けい）

1970年，富山県生まれ．フランス国立ナンシー第二大学より公法学博士（Docteur en Droit public，国際公法専攻）の学位取得．外務省勤務を経て，2005年より成蹊大学文学部国際文化学科にて教鞭を執る．2015年より同教授．アテネオ・デ・マニラ大学客員研究員，オックスフォード大学客員研究員，法務省難民審査参与員などを歴任．

著書『難民・強制移動研究のフロンティア』（共編著，現代人文社，2014年）
『国内避難民の国際的保護――越境する人道行動の可能性と限界』（勁草書房，2015年）
など

難民問題《なんみんもんだい》
中公新書 *2394*

2016年9月25日発行

著 者 墓田 桂
発行者 大橋善光
本文印刷 暁 印 刷
カバー印刷 大熊整美堂
製 本 小泉製本
発行所 中央公論新社
〒100-8152
東京都千代田区大手町1-7-1
電話 販売 03-5299-1730
編集 03-5299-1830
URL http://www.chuko.co.jp/

Published by CHUOKORON-SHINSHA, INC.
Printed in Japan ISBN978-4-12-102394-0 C1231

中公新書刊行のことば

いまからちょうど五世紀まえ、グーテンベルクが近代印刷術を発明したとき、書物の大量生産は潜在的可能性を獲得し、いまからちょうど一世紀まえ、世界のおもな文明国で義務教育制度が採用されたとき、書物の大量需要の潜在性が形成された。この二つの潜在性がはげしく現実化したのが現代である。

いまや、書物によって視野を拡大し、変りゆく世界に豊かに対応しようとする強い要求を私たちは抑えることができない。この要求にこたえる義務を、今日の書物は背負っている。だが、その義務は、たんに専門的知識の通俗化をはかることによって果たされるものでもなく、通俗的好奇心にうったえて、いたずらに発行部数の巨大さを誇ることによって果たされるものでもない。現代を真摯に生きようとする読者に、真に知るに価いする知識だけを選びだして提供すること、これが中公新書の最大の目標である。

私たちは、知識として錯覚しているものによってしばしば動かされ、裏切られる。私たちは、作為によってあたえられた知識のうえに生きることがあまりに多く、ゆるぎない事実を通して思索することがあまりにすくない。中公新書が、その一貫した特色として自らに課すものは、この事実のみの持つ無条件の説得力を発揮させることである。現代にあらたな意味を投げかけるべく待機している過去の歴史的事実もまた、中公新書によって数多く発掘されるであろう。

中公新書は、現代を自らの眼で見つめようとする、逞しい知的な読者の活力となることを欲している。

一九六二年一一月

中公新書

現代史

2186 田中角栄　早野透
1976 大平正芳　福永文夫
2351 中曽根康弘　服部龍二
1574 海の友情　阿川尚之
1875 「国語」の近代史　安田敏朗
2075 歌う国民　渡辺裕
2332 「歴史認識」とは何か　大沼保昭・江川紹子
1804 戦後和解　小菅信子
1900 「慰安婦」問題とは何だったのか　大沼保昭
2359 竹島――もうひとつの日韓関係史　池内敏
1990 「戦争体験」の戦後史　福間良明
1820 丸山眞男の時代　竹内洋
2237 四大公害病　政野淳子
1821 安田講堂 1968-1969　島泰三
2110 日中国交正常化　服部龍二
2385 革新自治体　岡田一郎
2137 国家と歴史　波多野澄雄
2150 近現代日本史と歴史学　成田龍一
2196 大原孫三郎――善意と戦略の経営者　兼田麗子
2317 歴史と私　伊藤隆
2301 核と日本人　山本昭宏
2342 沖縄現代史　櫻澤誠

中公新書

現代史

f3

中公新書

政治・法律

h 2

108 国際政治 高坂正堯

1686 国際政治とは何か 中西 寛

2190 国際秩序 細谷雄一

2114 世界の運命 ポール・ケネディ 山口瑞彦訳

1899 国連の政治力学 北岡伸一

2207 平和主義とは何か 松元雅和

2195 入門 人間の安全保障 長 有紀枝

2133 文化と外交 渡辺 靖

113 日本の外交 入江 昭

1000 新・日本の外交 入江 昭

2366 入門 国境学 岩下明裕

1825 北方領土問題 岩下明裕

2068 ロシアの論理 武田善憲

1751 拡大ヨーロッパの挑戦(増補版) 羽場久美子

2172 中国は東アジアをどう変えるか 白石 隆 ハウ・カロライン

2215 戦略論の名著 野中郁次郎編著

700 戦略的思考とは何か 岡崎久彦

721 地政学入門 曽村保信

1272 アメリカ海兵隊 野中郁次郎

2394 難民問題 墓田 桂

社会・生活